MONIKA JUDÄ

GOOD BYE BLUTHOCHDRUCK

Mit der richtigen Ernährung den Bluthochdruck erfolgreich senken

Mit 55 Rezepten

CHRISTIAN

INHALT

EINFÜHRUNG

DIE REZEPTE

Frühstücksideen

Suppen

Salate

Kleine Gerichte

Hauptgerichte mit Fleisch und Fisch

Vegetarische Hauptgerichte

Desserts

ANHANG

LEBEN UNTER DRUCK

Der Blutdruck ändert sich im Laufe eines Tages mehrmals. Er sinkt nachts, wenn wir schlafen, und steigt, wenn wir morgens aufstehen. Auch bei Anstrengung, Angst oder Aufregung schießt er in die Höhe, doch sobald wir uns entspannen, fällt der Druck buchstäblich wieder von uns ab. Schwankungen sind also völlig normal. Gefährlich wird es erst, wenn der Blutdruck dauerhaft erhöht ist, weil dann das Herz ständig mit erhöhter Anstrengung schlagen muss. Ohne rechtzeitiges Eingreifen kann das gefährliche Folgen haben. Bluthochdruck ist der Risikofaktor Nummer eins für Herz-Kreislauf-Erkrankungen; diese wiederum sind für die meisten Todesfälle verantwortlich.

Bluthochdruck ist heimtückisch und wird nicht umsonst als »stiller Killer« bezeichnet. Ganz unauffällig kommt er daher, man sieht und spürt ihn nicht, er tut auch nicht weh. Man erkennt ihn nur, wenn man ihn misst. In Mitteleuropa hat etwa jeder fünfte Erwachsene erhöhte Blutdruckwerte, in Deutschland sogar fast jeder dritte – man geht von 20–30 Millionen Betroffenen aus, wobei viele von ihrer Erkrankung gar nichts wissen. Vor allem im Alter nimmt die Zahl der Hypertoniker zu. Bei Menschen über 60 Jahre ist bereits jeder zweite an Bluthochdruck erkrankt, zwischen 70 und 79 Jahren sind es sogar drei von vier Personen. Aber auch bei jungen Menschen ist Bluthochdruck auf dem Vormarsch. Schuld daran sind unsere von Hektik, Bewegungsmangel und ungesunder Ernährung geprägten Lebensgewohnheiten. Nicht von ungefähr bezeichnet die Weltgesundheitsorganisation (WHO) Bluthochdruck als die verbreitetste vermeidbare Krankheit der Welt.

Ist der Bluthochdruck erst einmal erkannt, lässt sich die Erkrankung so gut behandeln wie kaum eine andere Volkskrankheit. Das Gute daran: Unter Umständen brauchen Sie gar keine Medikamente. Denn wie Sie in diesem Buch sehen werden, ist Ihre Lebensweise ausschlaggebend, wie gut es Ihnen geht!

100
120
140
160
180
200
220
240
260
280
300
0
20
40
60
80
mmHg

BASISWISSEN BLUTDRUCK

Das Herz ist der Motor des Lebens. Es pumpt das Blut durch die Gefäße – fünf bis sechs Liter Blut mit durchschnittlich 70 Schlägen pro Minute, das sind sage und schreibe rund 100 000 Pumpaktionen am Tag. Die Pumpkraft unseres Herzens sorgt dafür, dass das Blut im Körper verteilt wird und mit ihm lebenswichtige Substanzen wie Sauerstoff und Nährstoffe in die Organe, Gewebe und Zellen gelangen. Oft sind infolge von Arteriosklerose die Gefäßwände versteift und verengt, sodass das Blut nicht mehr konstant hindurchfließen kann und das Herz ständig mehr Pumpkraft aufwenden muss, bis es schließlich an seine Belastungsgrenze kommt. Ein Herzinfarkt kann die Folge sein. Ebenso können die verengten Gefäße in Verbindung mit zu hohem Blutdruck letztlich zu einem Schlaganfall führen oder die Nieren schädigen. Bluthochdruck darf man nicht unterschätzen, nur weil er zunächst keine erkennbaren Symptome verursacht. Er ist eine tickende Zeitbombe!

Tödliches Quartett

Als »Metabolisches Syndrom« oder »Tödliches Quartett« wird eine komplexe, miteinander verflochtene Stoffwechselstörung bezeichnet. Dazu gehören Diabetes, erhöhte Blutfettwerte, Übergewicht und Bluthochdruck. Die Neigung zu diesem gefährlichen Quartett wird vererbt. Etwa jeder Dritte in Deutschland besitzt diese Erbanlagen, die aber nicht zwingend zum Tragen kommen. Kommt allerdings eine ungesunde Lebensweise mit Bewegungsmangel, Stress, Alkohol, Rauchen, fettreicher Ernährung und Übergewicht dazu, steigt das Risiko für lebensbedrohliche Folgeerkrankungen drastisch. Daher müssen Hypertoniker nicht nur ihren Blutdruck korrigieren, sondern auch die übrigen Komponenten im Blick behalten und so gut wie möglich ins Lot bringen.

Blutdruckwerte messen und beurteilen

Nach Definition der Weltgesundheitsorganisation (WHO) gilt ein systolischer Blutdruck (»oberer Wert«) von 120 mmHg und ein diastolischer Blutdruck von 80 mmHg (»unterer Wert«) als normaler Ruheblutdruck eines Erwachsenen. Als Schwelle zum Bluthochdruck gilt ein Wert von 140 mmHg systolisch und 90 mmHg diastolisch, jenseits dieser Grenze steigt das Risiko für Herzinfarkt, Schlaganfall und andere gefährliche Erkrankungen deutlich an. Da allerdings der Blutdruck im Tagesverlauf situationsbedingt schwankt, sagt ein einzelner Messwert nichts aus. Erst wenn an unterschiedlichen Tagen Blutdruckwerte von 140/90 mmHg und höher gemessen werden, liegt nach internationaler Übereinkunft ein erhöhter Blutdruck (Hypertonie) vor. Übrigens müssen nicht beide Werte erhöht sein; am häufigsten ist der obere Wert erhöht.

Der Bluthochdruck wird in drei Schweregrade eingeteilt (siehe Kasten Seite 8). Nach der aktuellen europäischen Leitlinie zur Bluthochdruck-Behandlung sollen bei Werten bis 139 mmHg keine Medikamente eingesetzt werden. Vielmehr wird dem Patienten eine Veränderung des Lebensstils ans Herz gelegt (mehr dazu ab Seite 9). Bei Werten darüber hängt die Therapie von den Schweregraden sowie von begleitenden Komplikationen ab.

Einteilung der Blutdruckwerte

Bei der Blutdruckmessung werden immer zwei Werte angegeben, beispielsweise 120/80 mmHg. Der zuerst genannte »systolische« Wert wird während der Anspannungs- und Auswurfphase des Herzens gemessen, der zweite »diastolische« Wert während der Entspannungs- und Füllungsphase. Die Einheit »mmHg« steht für Millimeter Quecksilber. Laut Weltgesundheitsorganisation (WHO) werden die Blutdruckwerte in folgende Kategorien eingeteilt:

Blutdruck-Kategorie	systolisch mmHg	diastolisch mmHg
optimal	< 120	< 80
normal	120–129	80–84
hoch-normal	130–139	85–89
leichte Hypertonie (Stufe 1)	140–159	90–99
mittelschwere Hypertonie (Stufe 2)	160–179	100–109
schwere Hypertonie (Stufe 3)	≥ 180	≥ 110

Bluthochdruck – eine vermeidbare Gefahr

Nur selten entsteht Bluthochdruck infolge organischer Erkrankungen wie z.B. einer Verengung der Nierenarterien; der Mediziner spricht dann von einer sogenannten sekundären Hypertonie. Beim Löwenanteil der Fälle (80–90 %) liegt eine sogenannte primäre oder essenzielle Hypertonie vor. Das bedeutet, dass eine genetisch bedingte Veranlagung zu Bluthochdruck besteht. Die Gene sind also schuld an Ihren erhöhten Werten und Sie haben ganz einfach nur Pech gehabt? Ganz und gar nicht! In der Regel ist es das Wohlstandsleben, das seinen Tribut fordert. Im Kasten nebenan ist zusammengefasst, welche Faktoren Bluthochdruck auslösen oder verstärken können. Sie sehen es: Mit Ihrer Lebensweise haben Sie eine mächtige Waffe in der Hand, die eine ganz entscheidende Rolle dabei spielt, ob die Erbanlagen zum Tragen kommen oder nicht!

Was treibt den Blutdruck in die Höhe?

Beeinflussbare Faktoren

- Stress
- Nikotin
- Alkohol
- Bewegungsmangel
- Übergewicht
- Ernährungsfehler

Nicht oder kaum beeinflussbare Faktoren

- familiäre Vorbelastung
- Alter über 65 Jahre
- Wechseljahre
- Begleiterkrankungen

KLEINE VERÄNDERUNGEN, GROSSE WIRKUNG

In vielen Fällen lassen sich erhöhte Blutdruckwerte auf natürliche Weise senken. Die Erfolge können dabei so groß sein, dass auf Medikamente völlig verzichtet werden kann. Umfangreiche Studien belegen, dass selbst kleine Änderungen der Lebensweise schon eine ganze Menge bewirken.

Noch besser ist es allerdings, wenn Sie sich zu großen Schritten aufraffen (siehe Kasten nebenan)! Je mehr Sie davon umsetzen, desto stärker profitieren Herz und Blutdruck! Verhaltensweisen lassen sich allerdings nicht von heute auf morgen verändern, denn die Macht der Gewohnheit ist groß. Setzen Sie sich konkrete, realistische Ziele und gehen Sie diese nach und nach an. Sie werden sehen, es lohnt sich!

Nicht auf eigene Faust!!

Ob eine Änderung Ihrer Lebensweise ausreicht oder der Blutdruck medikamentös eingestellt werden muss, entscheidet und kontrolliert Ihr Arzt! Setzen Sie bisherige Medikamente zur Blutdruckbehandlung auf keinen Fall ohne ärztliche Rücksprache ab und verringern Sie die Dosis nicht auf eigene Faust!

Die Lebensweise zählt

Beugen Sie Bluthochdruck vor oder normalisieren Sie einen bereits erhöhten Blutdruck, indem Sie

- Stress abbauen,
- mit dem Rauchen aufhören,
- höchstens in Maßen Alkohol trinken,
- regelmäßig Sport treiben,
- abnehmen,
- sich gesund ernähren.

Alle Maßnahmen zusammen können eine Blutdrucksenkung um bis zu 30 mmHg bewirken, was kaum ein Medikament schafft!

Stress

Ein kleines Wort prägt unseren Lebensstil: schnell. Wir essen schnell etwas, gehen noch schnell zum Einkaufen, erledigen noch schnell ein paar Dinge. Die ständige Hektik, die uns umgibt, setzt uns und unser Herz unter Druck. Auch Überforderung, Aufregung, Wut oder Angst wirken sich auf den Blutdruck aus. Hormone wie Adrenalin, Noradrenalin und Kortisol durchströmen den Körper. Sie bewirken eine Kontraktion der Blutgefäße, sodass der Blutdruck steigt und das Herz heftig klopft. Passiert das ab und zu einmal, ist das kein Problem, sofern auf die Anspannung wieder eine Entspannungsphase folgt. Dauerhafter Stress jedoch lässt den Blutdruck steigen. Manche Dinge in unserem Leben können wir nicht verändern: Wir müssen zur Arbeit gehen, den Haushalt machen, uns um die Familie kümmern, was oft eine Doppel- oder gar Dreifachbelastung bedeutet. Aber wir können nach Stellschrauben suchen, um ein paar ruhige Momente in unser Leben zu bringen. Das können kurze Verschnaufpausen am offenen Fenster im Büro sein, ein kleiner Spaziergang nach Feierabend, bei dem die Gedanken zur Ruhe kommen, oder eine halbe Stunde am Tag, die ganz unter dem Motto »Zeit für mich« steht. Nutzen Sie diese Zeit für Teetrinken und Musik hören, Yoga, Meditation oder ein Vollbad – was immer Sie wollen und was Ihnen guttut.

Rauchen

Rauchen erhöht den Blutdruck, allerdings nur kurzzeitig. Viel schlimmer sind jedoch Folgeerkrankungen wie Krebs oder Arteriosklerose, die gefürchtete »Arterienverkalkung«, die zu Herz-Kreislauf-Erkrankungen, im schlimmsten Fall zu Herzinfarkt oder Schlaganfall und damit möglicherweise zum Tod führt. Ein höchst gefährliches Duo sind daher zu hoher Blutdruck und regelmäßiger Nikotinkonsum, da sich das Risiko für Folgeerkrankungen dadurch vervielfacht. Hören Sie mit dem Rauchen auf – Sie können nur gewinnen, aber nichts verlieren!

Alkohol

Der Geburtstagssekt, das Feierabendbier, das Glas Wein zum Essen: Alkohol hat zwei Gesichter. Zum einen bedeutet er Geselligkeit und Entspannung, zum anderen ist er als Risikofaktor für die Entwicklung von Bluthochdruck und dessen Folgen nicht zu unterschätzen. Bei etwa jedem zehnten Hypertoniker spielt Alkohol eine Rolle, sagen die Experten. Während die Weltgesundheitsorganisation wegen der vielen negativen Folgen von Alkoholkonsum gänzlich abrät und daher auch auf eine Angabe von Obergrenzen verzichtet, deuten verschiedene Untersuchungen darauf hin, dass der gelegentliche (!) Konsum von maximal 20 Gramm Alkohol am Tag bei Männern (das entspricht etwa 250 ml Wein oder 500 ml Bier) bzw. 10 Gramm bei Frauen (das entspricht etwa 125 ml Wein oder 250 ml Bier) im Hinblick auf den Blutdruck noch vertretbar ist. Bedenken Sie aber, dass Alkohol außerdem sehr energiehaltig ist und damit zu Übergewicht beiträgt – der »Bierbauch« ist dafür das beste Beispiel!

Rotwein ist gut fürs Herz!

Wirklich? Ein Gläschen Rotwein am Tag soll wegen seines relativ hohen Gehalts an sekundären Pflanzenstoffen aus den roten Weintrauben (allen voran das antioxidativ wirksame Resveratrol) positiv auf Herz und Blutdruck wirken. Manche Studien untermauern nach wie vor diesen Rat, doch eine ganze Reihe aktueller Untersuchungen verbannt ihn mittlerweile ins Reich der Mythen. Sicher ist, dass es mit einer vernünftigen Lebensweise und einer gesunden Ernährung genauso gut möglich ist, das Herz zu schützen, und das ganz ohne schädliche Nebenwirkungen. Man muss keinen Alkohol trinken, um seiner Gesundheit Gutes zu tun!

Bewegung

Churchills legendären Rat »No sports!« zu befolgen ist keine gute Idee. Sportmuffel werden es zwar nicht gerne hören, aber: Regelmäßige sportliche Betätigung wirkt bei Bluthochdruck ebenso gut wie Medikamente! Untersuchungen haben bereits eine blutdruckpositive Wirkung festgestellt, wenn man täglich mindestens 20 Minuten zu Fuß unterwegs ist. Überwinden Sie also Ihren inneren Schweinehund und machen Sie sich auf den Weg – jeder zusätzliche Schritt ist ein Schritt in die richtige Richtung! Fördern Sie zumindest die Alltagsbewegung, wenn Sie keinen Sport treiben wollen oder können. Gehen Sie spazieren, sooft Sie Zeit haben, erledigen Sie Einkäufe zu Fuß und nehmen Sie lieber die Treppe statt den Aufzug. Richtig sportlich unterwegs zu sein, ist aber noch blutdruckfreundlicher. Ideal ist sanftes Ausdauertraining, idealerweise zwei- bis dreimal pro Woche über mindestens 30 Minuten. Joggen, Radfahren, Schwimmen, Wandern, Gymnastik, Skilanglauf, da gibt es vieles, was Ihrem Körper guttut, und sicher ist auch für Sie das Richtige dabei. Ein positiver Zusatzeffekt: Wer sich regelmäßig bewegt, hat in der Regel auch nicht mit dem Körpergewicht zu kämpfen.

Nur nach Absprache!

Inwieweit Sie als Hypertoniker intensives Ausdauertraining, Kraft- oder Leistungssport betreiben können, sollten Sie mit Ihrem Arzt besprechen. Vorsicht ist auch bei Sportarten wie Tennis oder Badminton geboten, da sie zu gefährlichen Blutdruckspitzen führen können. Wer sehr hohe Blutdruckwerte hat, muss ebenfalls erst den Arzt konsultieren, bevor er sportlich aktiv wird.

Abnehmen und gesund essen

Bereits ein geringer Abbau des Körpergewichts bewirkt schon eine messbare Verbesserung der Blutdruckwerte. Gleichzeitig werden die Blutfettwerte (Triglyzeride, Cholesterin) positiv eingestellt. Dadurch reduziert sich die Gefahr von Herzinfarkt, Schlaganfall & Co. erheblich. Eine gesunde Ernährung, bei der das Gewicht praktisch von alleine sinkt, ist deshalb einer der Grundpfeiler der Bluthochdrucktherapie. Da die Ernährung im Kampf gegen zu hohen Blutdruck ein scharfes Schwert ist, wird ihr im Folgenden ein eigenes Kapitel gewidmet.

HERZGESUNDE ERNÄHRUNG

Mit einer ausgewogenen Ernährung tun Sie Ihrem Körper viel Gutes. Reichlich Gemüse und Obst, Vollkornprodukte und der weitgehende Verzicht auf tierisches Fett garantieren einen optimalen Mix aus allen wichtigen Nähr- und Vitalstoffen. Dabei ist eine vollwertige Kost auf überwiegend pflanzlicher Basis nicht nur blutdruckfreundlich, sondern zugleich kalorienarm. Die Pfunde schmelzen ganz automatisch hin, und mit ihnen die Blutdruckwerte. Im Idealfall lassen Sie noch Alkohol und Zigaretten weg und kombinieren Ihre gesunde Ernährung mit ausreichend Bewegung. Sie werden sich garantiert wohler fühlen und Ihr Blutdruck profitiert gleich mehrfach. Bis zu 30 mmHg kann er sinken, wenn alle Maßnahmen umgesetzt werden – und das ohne die Gefahr von Nebenwirkungen, die Medikamente haben können!

WEG MIT DEN PFUNDEN!

Übergewicht treibt den Blutdruck in die Höhe, dieser Zusammenhang ist wissenschaftlich belegt. Die überflüssigen Pfunde gehen in der Regel mit erhöhten Blutfettwerten (schädliches LDL-Cholesterin und Triglyzeride) einher, die wiederum Arteriosklerose begünstigen. Diese führt zur Versteifung und Verengung der Gefäßwände und lässt damit den Blutdruck steigen.

Abnehmen sollte bei Hypertonikern ganz oben auf der To-do-Liste stehen. Mit dem Gewicht sinkt der Blutdruck: pro Kilo Gewichtsverlust um bis zu 2–3 mmHg systolisch bzw. 1–2 mmHg diastolisch. Das Abnehmen hat noch einen weiteren Vorteil: Je weniger Gewicht Sie auf die Waage bringen, umso besser sprechen Medikamente an, die Sie eventuell benötigen.

Apfel oder Birne?

Stellen Sie sich vor den Spiegel und begutachten Sie sich kritisch: Gleicht Ihre Figur mehr einem Apfel oder einer Birne? Der sogenannte Apfelbauch ist gefährlicher als die Birnenform mit schmalerer Taille und breiteren Hüften. Messen Sie den Umfang Ihrer Taille: Maße über 88 cm bei Frauen bzw. 102 cm bei Männern bedeuten ein deutlich erhöhtes Risiko für Herz- und Gefäßerkrankungen.

Wie viel ist zu viel?

Der Apfel- oder Birnentest (siehe Kasten links) ist nur ein erster Anhaltspunkt, hält aber natürlich keinen wissenschaftlichen Kriterien stand. Besser wird zur Orientierung bei der Gewichtsbeurteilung eine international anerkannte Formel, der sogenannte Body-Mass-Index (BMI), herangezogen. Im Internet gibt es BMI-Rechner, die Ihnen bei der Bestimmung Ihrer Gewichtsklasse helfen und weitere Informationen dazu liefern (siehe Anhang Seite 158). Sie können Ihren BMI aber auch mithilfe eines Taschenrechners schnell und einfach selbst ermitteln. Dazu benötigen Sie Angaben zu Körpergewicht (in Kilogramm) und Körpergröße (in Meter). Wie das Berechnen geht, sehen Sie im Kasten unten.

BMI-Berechnung

BMI = Körpergewicht ÷ Körpergröße^2

Angegeben wird der BMI in kg/m^2

Beispiel: Bei einer 1,70 m großen Frau mit 75 kg Gewicht berechnet sich der BMI folgendermaßen: 75 kg ÷ (1,70 m)^2 = 26 kg/m^2.

Bei der Interpretation des BMI spielt das

Geschlecht eine Rolle. Gemäß der Weltgesundheitsorganisation (WHO) und der Deutschen Gesellschaft für Ernährung (DGE) liegt das Normalgewicht von Männern zwischen 20 und 25 kg/m², von Frauen zwischen 19 und 24 kg/m². Bei Werten ab 24 bzw. 25 bis 30 spricht man von Übergewicht, bei Werten zwischen 30 und 40 von Adipositas. Ein BMI über 40 bedeutet Fettleibigkeit (massive Adipositas).

Die Energiezufuhr im Blick haben

Der Körper braucht pro Tag eine bestimmte Energiemenge, zum einen, um im Ruhezustand alle Lebensfunktionen aufrechtzuerhalten (Grundumsatz), zum anderen für körperliche Aktivitäten (Leistungsumsatz). Der tägliche Gesamtenergiebedarf hängt von Faktoren wie Alter, Geschlecht, Körpergröße und -gewicht sowie der körperlichen Aktivität ab. Daher sind die im Kasten nebenan angegebenen Werte nur als Durchschnittswerte zu verstehen. Sie basieren auf Empfehlungen der Deutschen Gesellschaft für Ernährung (DGE) für durchschnittlich aktive Menschen.

Die Energiezufuhr im Blick zu haben ist wichtig. Versuchen Sie aber nicht, innerhalb kürzester Zeit Ihr Gewicht mithilfe einer Diät auf Traummaße zu reduzieren. Ein schneller Gewichtsverlust bedeutet nämlich nicht unbedingt, dass dabei Körperfett verloren geht. In erster Linie verlieren Sie dabei nur Körperwasser oder wertvolle Muskelmasse. Außerdem sind starke Schwankungen des Körpergewichts ungesund – denken Sie nur an den berüchtigten Jo-Jo-Effekt. Vernünftiges und nachhaltiges Abnehmen funktioniert nur über eine negative Energiebilanz. Das bedeutet, dass Sie entweder mehr Energie verbrauchen als aufnehmen – »Sport« heißt hier das Zauberwort –, oder Sie nehmen weniger Energie auf als Ihr Körper verbraucht. Am besten beides. Im Idealfall kombinieren Sie Bewegung mit einer kalorienarmen, vollwertigen Ernährung. Damit bekommen Sie ganz automatisch Ihr Gewicht in den Griff und versorgen sich zugleich mit allen wichtigen Nährstoffen. Vor allem aber tun Sie damit Herz und Blutdruck den größten Gefallen. Wenn es gut läuft, kommen Sie auf diese Weise sogar ganz ohne Medikamente aus.

Täglicher Energiebedarf

	Mann	Frau
19–25 Jahre	2800 kcal/Tag	2200 kcal/Tag
25–51 Jahre	2700 kcal/Tag	2100 kcal/Tag
51–65 Jahre	2500 kcal/Tag	2000 kcal/Tag
über 65 Jahre	2500 kcal/Tag	1900 kcal/Tag

Kilokalorien (kcal) sind das umgangssprachliche Maß für die Energiemenge von Nahrungsmitteln. International verwendet man heute die Einheit Joule bzw. Kilojoule (kJ).

1 kcal = 4,184 kJ.

ESSEN SIE SICH SCHLANK!

Abnehmen gelingt nicht von heute auf morgen. Aber Sie können sich schrittweise Ihrem Ziel annähern.

- Setzen Sie sich konkrete und vor allem realistische Ziele. Wenn Sie Ihr Gewicht um etwa 500 Gramm pro Woche reduzieren, haben Sie schon viel erreicht. Kontrollieren Sie aber nur einmal pro Woche Ihren Erfolg, das genügt. Der tägliche Blick auf die Waage bringt nichts und setzt Sie nur unter unnötigen Druck.
- Motivieren Sie auch Ihre Familie zur Ernährungsumstellung – gemeinsam geht's leichter und von einer vollwertigen, fettarmen Kost profitieren alle!
- Verzichten Sie auf Fast Food und industriell stark verarbeitete Lebensmittel.
- Essen Sie höchstens zweimal pro Woche mageres Fleisch und Wurst bzw. fettarmen Käse, legen Sie den Schwerpunkt Ihrer Ernährung auf Gemüse, Salat, Obst, Vollkornprodukte sowie fettarme Milchprodukte und essen Sie zwei- bis dreimal pro Woche Fisch dazu.
- Achten Sie auf eine ausreichende Ballaststoffzufuhr, indem Sie Weißmehlprodukte (Brot, Backwaren, Nudeln, Reis) durch Vollkornprodukte ersetzen. Ballaststoffe haben zwar keinen direkten Einfluss auf den Blutdruck, aber sie sättigen gut, fördern die Verdauung und unterstützen das Abnehmen.
- Planen Sie lieber zwei leichte Gänge, als eine einzige schwere Mahlzeit.
- Lassen Sie nicht zu, dass Ihnen das gesunde Essen langweilig wird. Experimentieren Sie mit Kräutern, Gewürzen und neuen Rezepten. Bringen Sie Farbe und Abwechslung auf den Tisch. Viele köstliche Anregungen finden Sie im Rezeptteil dieses Buches.
- Essen Sie nicht spätabends, damit noch Zeit zum Verdauen bleibt.
- Lassen Sie sich genügend Zeit beim Essen – Hektik schadet!
- Schaffen Sie kalorienarmen Ersatz für bestimmte Situationen – ersetzen Sie zum Beispiel die Knabbersachen beim Fernsehabend durch Obststückchen.
- Bewegen Sie sich regelmäßig. Das unterstützt die Verdauung und Fettverbrennung und tut auch der Psyche gut.

MITTELMEERKÜCHE AM HEIMISCHEN HERD

Bluthochdruck und Herz-Kreislauf-Erkrankungen sind in den Mittelmeerländern deutlich weniger verbreitet als bei uns. Das liegt nicht nur am Dolce Vita, sondern auch an der traditionellen Ernährung unserer südlichen Nachbarn. Jenseits von Touristenmenüs mit fetttriefender Pizza und Pasta in Sahnesauce wird frisch und gesund gekocht, mit viel frischem Gemüse, Hülsenfrüchten, Salat, Obst, Pflanzenölen und Fisch. Auf Fleisch wird weitgehend verzichtet, wenn, dann kommt eher mageres Geflügel auf den Tisch. Und gewürzt wird vor allem mit aromatischen Kräutern statt mit Salz.

Mit Pflanzenkost punkten

Der mediterrane Mix mit überwiegend pflanzlichen Lebensmitteln als Basis ist nachgewiesenermaßen das Nonplusultra für einen optimalen Blutdruck und ein gesundes Herz. Die bunte Mischung aus der breiten Palette an frischem Gemüse, knackigen Salaten und reifen Früchten garantiert Ihnen, dass Sie genügend Ballaststoffe sowie alle Vitamine und Mineralstoffe aufnehmen, die Sie brauchen und die für einen gesunden Blutdruck so wichtig sind: Vitamin C, Vitamin E oder Betakarotin beispielsweise sind wichtige Antioxidanzien, die die Gefäße schützen, Folsäure beugt Ablagerungen an den Gefäßwänden vor und senkt damit das Arteriosklerose-Risiko, und das Vitamin D, das in der Haut gebildet wird, wenn Sie sich reichlich im Freien aufhalten, wirkt nachgewiesenermaßen blutdrucksenkend. Nicht zu vergessen ist eine Gruppe hochwirksamer Substanzen in pflanzlicher Kost, die unter dem Namen »sekundäre Pflanzenstoffe« zusammengefasst wird. Dabei ist die Bezeichnung »sekundär« ein wenig irreführend, denn die Flavonoide, Phenole, und wie sie alle heißen, spielen keineswegs die zweite Geige. Sie leisten einen wichtigen Beitrag, um die Gefäße und das Herz zu schützen und den Blutdruck zu senken. Wer herzfreundlich lebt, dazu die gesunde Mittelmeerküche an den heimischen Herd holt und konsequent befolgt, hat schon einen großen Schritt in die richtige Richtung getan. Nur drei Dinge erfordern dann noch besondere Aufmerksamkeit: Salz, Kalium und Fett. Ihnen sind die folgenden Seiten gewidmet.

DASH-Diät

Erwiesenermaßen blutdrucksenkend wirkt die sogenannte DASH-Diät aus den USA. DASH steht für Dietary Approaches to Stop Hypertension (auf Deutsch: Diät-Anleitung zur Senkung des Blutdrucks bei Hypertonie). Sie entspricht im Wesentlichen der Mittelmeerkost, ist also trotz des Namens keine Diät im klassischen Sinne. Ihre Basis bilden:

- reichlich Gemüse, Salat, Obst, Nüsse, frische Kräuter
- Vollkornprodukte
- zweimal pro Woche frischer Fisch
- wenig Fleisch, bevorzugt Geflügel
- fettarme Milchprodukte und Käsesorten
- vorwiegend pflanzliche Fette, möglichst wenig tierische Fette
- Alkohol nur in Maßen
- sparsame Verwendung von Salz

Internetadressen mit weiteren Informationen zum Ernährungsprogramm DASH finden Sie im Anhang auf Seite 158.

Salz nur in Maßen

Salz ist für unseren Körper wichtig, weil es der Hauptlieferant für Natrium ist, das unter anderem den Wasserhaushalt und damit das Blutvolumen und den Blutdruck reguliert. Für den täglichen Bedarf, der dem Ausgleich des Salzverlusts über Schweiß und Urin dient, würden 3–6 Gramm genügen – das entspricht maximal einem gestrichenen Teelöffel Salz. Tatsächlich sind es jedoch 10–15 Gramm, die wir hierzulande pro Tag aufnehmen. Da besteht dringender Handlungsbedarf: Wir müssen deutlich salzärmer essen, denn es ist wissenschaftlich erwiesen, dass eine hohe Kochsalzzufuhr die Entstehung von Bluthochdruck begünstigt. Umgekehrt steht fest, dass eine Reduktion des täglichen Konsums auf unter 6 Gramm eine Senkung des Blutdrucks um bis zu 6 mmHg systolisch und 3 mmHg diastolisch bewirken kann – in Kombination mit anderen Maßnahmen sinkt der Blutdruck sogar noch mehr. Allerdings sind nicht alle Menschen salzsensitiv. Experten vermuten, dass nur knapp die Hälfte der Bluthochdruckpatienten auf eine Reduzierung von Kochsalz in der Ernährung anspricht. Um herauszufinden, ob auch Sie zu dieser Gruppe gehören, hilft nur eines: Ausprobieren! Essen Sie trotzdem salzarm, auch wenn Sie nicht zur Gruppe der sogenannten Salz-Responder gehören – schaden wird das auf keinen Fall!

Natriumchlorid

In der Sprache der Chemie heißt unser Kochsalz Natriumchlorid. Es besteht zu 40 Prozent aus Natrium und zu 60 Prozent aus Chlorid. Ein Gramm Kochsalz enthält demnach 400 mg Natrium und 600 mg Chlorid. Die DGE empfiehlt eine tägliche Aufnahme von maximal 6 Gramm Kochsalz (2400 mg Natrium) pro Tag, die WHO sogar nur maximal 5 Gramm (2000 mg Natrium).

Salzarm essen

Salzarm zu essen ist gar nicht so einfach, denn wir haben uns längst an »würzige« oder »pikante« Gerichte gewöhnt. Genauso ist der Griff zum Salzstreuer zur Gewohnheit geworden: Oft wird bei Tisch kräftig nachgewürzt, statt schon beim Kochen durch Gewürze oder frische Kräuter für Aroma zu sorgen. Die Umstellung auf eine salzärmere Ernährung fällt daher vielen schwer, doch sie lohnt sich!

Die größten Salzmengen verzehren wir unbewusst, weil sie sich in vielen alltäglichen Lebensmitteln verstecken (siehe Kasten nebenan). Dabei schmeckt man den hohen Salzgehalt oft gar nicht. Eine klassische Brotzeit mit einem Paar Wiener Würstchen, einem Brötchen und einem Klecks Senf schlägt beispielsweise schon mit rund 3 Gramm Salz zu Buche, der Hälfte des täglichen Maximums – hätten Sie's gedacht?

Natriumsalze, zu denen nicht nur Kochsalz, sondern auch Natriummonoglutamat, Nitritpökelsalz oder andere Natriumverbindungen zählen, werden zum einen zur Geschmacksoptimierung eingesetzt, zum anderen auch als Hilfs- und Zusatzstoffe, z.B. als Konservierungsmittel. Verzichten Sie nach Möglichkeit auf Geräuchertes, Gepökeltes, Eingelegtes und alles, was in irgendeiner Weise industriell verarbeitet worden ist. Auf der sicheren Seite sind Sie, wenn Sie Ihre Mahlzeiten aus frischen, möglichst naturbelassenen Lebensmitteln selbst zubereiten.

Verstecktes Salz

- Fast Food
- Fertiggerichte
- Brot und Backwaren
- Käse
- Wurst, Pökelwaren, Räucherwaren
- Würzmittel
- Fertigdips, -saucen und -marinaden
- Instantprodukte
- Gemüsesäfte und -konserven
- Knabbersachen
- manche Mineralwasser (siehe Seite 26)

Natriumgehalt in Lebensmitteln

Seit Dezember 2016 ist gemäß EU-Lebensmittelinformationsverordnung die Nährwertkennzeichnung auf der Verpackung von Lebensmitteln Pflicht. Neben dem Gehalt an Energie, Fett, gesättigten Fettsäuren, Kohlenhydraten, Zucker und Eiweiß muss auch der Salzgehalt ausgewiesen werden. Die folgende Tabelle zeigt, wie viel Natrium sich in gängigen Lebensmitteln aus dem Supermarkt versteckt. Weitere umfangreiche Lebensmittellisten sind im Internet zu finden (siehe auch Anhang Seite 158). Dass oft nur der Gehalt an Natrium, nicht aber der Kochsalzgehalt angegeben wird, ist nicht weiter schlimm. Mit einer einfachen Formel können Sie leicht vom Natrium- auf den Kochsalzgehalt schließen:

Natrium (in mg oder g) × 2,5 = Kochsalz (in mg oder g)

Gehalt an Natrium – angegeben in mg – pro 100 g Lebensmittel

Käse	
Hüttenkäse	230
Emmentaler, 45 % Fett i. Tr.	275
Doppelrahmfrischkäse	375
Mozzarella	500
Edamer, 45 % Fett i. Tr.	512
Gouda, 45 % Fett i. Tr.	512
Tilsiter, 45 % Fett i. Tr.	550
Raclette, 50 % Fett i. Tr.	600
Appenzeller, 50 % Fett i. Tr.	620
Brie, 50 % Fett i. Tr.	630
Camembert, 45 % Fett i. Tr.	669
Cheddar, 50 % Fett i. Tr.	675
Bavaria Blue, 60 % Fett i. Tr.	700
Limburger, 40 % Fett i. Tr.	709
Edelpilzkäse, 50 % Fett i. Tr.	787
Harzer Käse, 10 % Fett i. Tr.	787
Esrom, 45 % Fett i. Tr.	800
Limburger, 20 % Fett i. Tr.	800
Romadur, 30 % Fett i. Tr.	800
Butterkäse, 50 % i. Tr.	865
Weinkäse	1.000
Münster, 45 % Fett i. Tr.	1.020
Parmesan, 45 % Fett i. Tr.	1.200
Scheibletten	1.200
Schmelzkäse, 45 % Fett i. Tr.	1.260
Feta	1.300
Schafskäse	1.300
Gorgonzola	1.400
Roquefort	1.600

Fleisch, Wurstwaren	
Leberkäse	599
Gelbwurst	640
Mortadella	668
Blutwurst	680
Bockwurst	700
Dosenwürstchen	711
Bierschinken	753
Münchener Weißwurst	775
Grobe Leberwurst	810
Jagdwurst	818
Fleischwurst	829
Corned Beef	833
Schinkenwurst	914
Wiener Würstchen	941
Kasseler	958
Schweineschinken(gekocht)	965
Rindfleischsülze	1.035
Frühstücksfleisch	1.060
Mettwurst	1.090
Teewurst	1.100
Frankfurter Würstchen	1.180
Knackwurst	1.190
Cervelatwurst	1.260
Frühstücksspeck	1.770
Lachsschinken	1.800
Bündner Fleisch	2.100
Deutsche Salami	2.130

Fisch & Schnecken	
Schnecken (gegart)	217
Flusskrebs	253
Makrele (geräuchert)	261
Hummer	270
Miesmuschel	296
Flunder (geräuchert)	481
Aal (geräuchert)	500
Rotbarsch (geräuchert)	553
Brathering	585
Bückling	689
Lachs (in Öl)	811
Thunfisch (in Öl)	841
Hering (in Öl)	907
Matjeshering (in Öl)	913
Krabben (Konserve)	937
Bismarckhering	1.090
Garnelen (Konserve)	1.884
Störkaviar	1.940
Kaviar-Ersatz	2.110
Matjeshering	2.500

Getreideprodukte	
Zwieback	263
Pumpernickel	370
Butterkeks	387
Mehrkornbrötchen	418
Fladenbrot	428
Weizenschrotbrot/Grahambrot	430
Vollkornbrot	430
Baguette	451
Knäckebrot	463
Roggenbrot	511
Roggenmischbrot/Graubrot	537
Weizenbrot/Weißbrot	540
Vollkornbrötchen	541
Weizentoastbrot	551
Weizenmischbrot	553
Kuchen-Fertigmischung	690
Erdnussflips	770
Cornflakes	938
Kräcker	977
Laugengebäck	1.184
Knabbergebäck	1.790
Salzstangen	1.790
Kartoffelprodukte	
Kartoffelklöße (halb und halb, gegart)	353
Kartoffelchips	450
Pommes frittes	720
Knödelpulver (halb und halb)1	1.190
Hülsenfrüchte, Gemüse, Pilze	
Erbsen (in Dosen)	215
Karotten (in Dosen)	226
Grüne Schnittbohnen (in Dosen)	249
Champignons (in Dosen)	320
Sauerkraut	355

Spargel (in Dosen)	375
Sauerkrautsaft	547
Tomatenmark	590
Salzgurken	960
Oliven (mariniert)	2.100
Nüsse, Samen	
Kastanien (geröstet, gesalzen)	766
Pistazien (geröstet, gesalzen)	768
Erdnüsse (geröstet, gesalzen)	773
Saucen, Gewürze, Zutaten	
Mayonnaise	481
Salatcreme, 25 % Fett	750
Zigeuner-Grillsauce	856
Tomatenketchup	1.120
Cocktaildressing	1.187
Barbecue-Grillsauce	1.240
Senf	1.250
French Dressing	1.947
Worcestersauce	2.001
Curryketchup	2.300
Italian Dressing	2.339
Sojasauce	5.720
Backpulver	11.800
Bratensauce (Trockenpulver)	25.000
Brühe (instant)	25.000
Brühwürfel	25.000
Kräutersalz	35.100
Speisesalz	38.850

Quelle: www.vitalstoff-lexikon.de/Mineralstoffe/Natrium-/Lebensmittel-.html

Natriumarme Lebensmittel

Gut sortierte Supermärkte oder der Fachhandel haben etliche Produkte speziell für die salzbewusste Ernährung im Angebot. Lebensmittel, die als »natriumarm« oder gar als »streng natriumarm« deklariert werden, gelten als diätetische Lebensmittel und unterliegen gemäß Diätverordnung strengen Vorschriften. Davon zu unterscheiden sind natriumreduzierte Lebensmittel, die immer noch eine ganze Menge Kochsalz enthalten.

Kategorie	Natriumgehalt pro 100 g verzehrfertigem Lebensmittel
streng natriumarme Lebensmittel	weniger als 40 mg Natrium bzw. 0,1 g Kochsalz
natriumarme Lebensmittel	weniger als 120 mg Natrium bzw. 0,3 g Kochsalz
natriumarme Getränke/Mineralwasser	weniger als 20 mg Natrium bzw. 0,05 g Kochsalz

Tipps für salzarmes Kochen und Genießen

- Meiden Sie Fertigprodukte und Konserven.
- Bereiten Sie Ihre Speisen aus naturbelassenen Zutaten (frisch oder tiefgekühlt) selbst zu. Legen Sie den Schwerpunkt Ihrer Ernährung auf Gemüse, Salat, Obst, Nüsse und Samen, Vollkornprodukte und Fisch.
- Verwenden Sie möglichst Gemüse- und Salatsorten der Saison; dann haben sie am meisten Aroma und brauchen weniger Würze.
- Idealerweise haben Sie am Küchenfenster Platz für ein paar Kräutertöpfe, um frische Würze immer gleich zur Hand zu haben.
- Garen Sie Reis, Bulgur, Couscous oder Gemüse nicht in Salzwasser, sondern in leichter Gemüsebrühe.
- Garmethoden wie Dämpfen, Braten im Wok bei hoher Temperatur und kurzer Garzeit, Dünsten im eigenen Saft, Garen im Römertopf oder in der Folie erhalten den Eigengeschmack und reduzieren die benötigte Salzmenge.
- Beim fettarmen Braten oder Grillen in einer beschichteten Pfanne entstehen Röststoffe, die das Aroma intensivieren und den Salzbedarf senken.
- Salzen Sie nie während der Zubereitung, sondern erst zum Schluss beim Abschmecken. Ersetzen Sie aber das Salz so weit wie möglich durch Kräuter und Gewürze (keine Gewürzmischungen, die enthalten auch wieder Salz!). Auch Meerrettich, Knoblauch, Zitronensaft oder ein kleiner (!) Schuss Wein können in Ihrem Gericht das Tüpfelchen auf dem i sein.
- Verwenden Sie Würzsaucen wie Sojasauce, Worcestersauce oder Ketchup und auch Brühwürfel bzw. gekörnte Brühe nur sparsam bzw. achten Sie bereits beim Einkauf auf salzarme oder -reduzierte Produkte (sie sind in gut sortierten Supermärkten, Reformhäusern und im Internet erhältlich).
- Ersetzen Sie salzige Knabbersachen wie Chips oder Erdnüsse lieber durch Obststückchen.
- Verbannen Sie den Salzstreuer vom Tisch und mit ihm nicht nur Kochsalz, sondern auch Himalajasalz, Meersalz, Fleur de Sel, Gewürzsalz oder sonstiges Modesalz! Die Namen versprechen besonders hochwertige Produkte, doch der Inhalt ist im Großen und Ganzen derselbe – eben Salz! Sinnvoller ist es, sich das Verlangen nach »pikantem« Salzgeschmack abzugewöhnen. Tauschen Sie den Salzstreuer besser gegen eine Gewürzmühle!

Diätsalz

Als Kochsalzersatz sind im Online- und Fachhandel (Drogerien, Apotheken) sowie in gut sortierten Supermärkten sogenannte Diätsalze erhältlich. Hier wird das Natriumchlorid durch Kaliumchlorid, Magnesium- oder Kalziumsalze ersetzt. Diätsalze können jedoch leicht bitter oder metallisch schmecken. Menschen mit eingeschränkter Nierenfunktion sollten allerdings auf einen Salzersatz auf Kaliumbasis verzichten, da der Kaliumhaushalt gefährlich gestört werden kann!

Auswärts essen

Egal, ob in der Kantine oder im Lokal – das Essen wird kräftig mit Salz gewürzt, damit es allen gut schmeckt. Trotzdem können Sie auch hier ein bisschen Salz einsparen:

- Salzen Sie nicht nach.
- Wählen Sie Gemüsesuppen anstelle der meist salzhaltigeren Fleischbrühen.
- Bevorzugen Sie Gerichte mit wenig Sauce, denn hier versteckt sich meist reichlich Fett und Salz.
- Wählen Sie als Beilage von Natur aus salzarme Lebensmittel wie Kartoffeln oder Reis.

Kaliumreich essen

Eine Reduzierung der Kochsalz- bzw. Natriumzufuhr bewirkt schon eine Menge. Durch eine erhöhte Kaliumzufuhr kann die positive Wirkung auf den Blutdruck sogar noch gesteigert werden, denn Kalium unterstützt die Entspannung der Blutgefäße, den Wasserhaushalt des Körpers und die Regulation des Blutdrucks. Ein ausgeglichenes Verhältnis von Natrium zu Kalium ist folglich für einen gesunden Blutdruck wichtig: »Salzarm und kaliumreich« lautet die Formel für die ideale Kost.

Die DGE empfiehlt eine Aufnahme von etwa 4 Gramm Kalium pro Tag, eine Menge, die wir meist ein wenig unterschreiten. Hier können wir uns etwas von den Vegetariern und Veganern abschauen: Sie profitieren von der pflanzlichen Kost und sind in der Regel gut mit Kalium versorgt. Auch ihr Blutdruck liegt um etwa 5 mmHg systolisch und 2 mmHg diastolisch niedriger als bei Nicht-Vegetariern, entsprechend ist das Risiko für Folgeerkrankungen geringer.

Mithilfe der Tipps im Kasten unten können Sie Ihre Kaliumzufuhr optimieren.

Kalium

Kalium ist vor allem in pflanzlichen Lebensmitteln enthalten. Um die Zufuhr steigern, sollten Sie

- reichlich frisches Gemüse und Obst verzehren; besonders viel Kalium steckt in Avocados, Bananen, Aprikosen, Dörrobst, Kartoffeln, Spinat, Brokkoli, Grünkohl, Pilzen, Petersilienwurzeln, Fenchel, Bohnen, Sojabohnen, Nüssen und Samen (vor allem Kürbiskerne).
- bei Gemüse und Obst nach Möglichkeit die Schale mitverzehren.
- Gemüse in wenig Wasser dünsten.
- die Garflüssigkeit von Gemüse für Suppen oder Saucen verwenden.
- Vollkornprodukte bevorzugen.

Auf das Fett achten

Ein Unglück kommt selten allein: Bluthochdruck geht oft mit erhöhten Blutfettwerten einher, was die Gefahr von Herz-Kreislauf-Erkrankungen erhöht. Behalten Sie daher nicht nur den Kochsalzkonsum, sondern auch die Nahrungsfette im Blick! Meiden Sie tierische Fette, vor allem fettes Fleisch und Wurst, fettreiche Käsesorten, Butter und stark fetthaltige Milchprodukte – sie enthalten viele ungesunde gesättigte Fettsäuren und Cholesterin. Schädlich sind auch die sogenannten Transfettsäuren, die beim Hocherhitzen von Fett oder beim Frittieren entstehen oder in gehärteten Fetten vorliegen. Achten Sie daher darauf, Streichfette ohne gehärtete Fette zu kaufen. Diätmargarine ist in der Regel frei von Transfettsäuren.

Gut für den Körper sind die einfach und mehrfach ungesättigten Fettsäuren, die in pflanzlichen Lebensmitteln wie Nüssen und Samen sowie den daraus gewonnenen Ölen vorkommen. Besonders reich an wertvollen Omega-3-Fettsäuren ist Lein-, Raps- oder Sojaöl. Olivenöl liefert viele einfach ungesättigte Fettsäuren. Beide Fettsäurenarten wirken sich positiv auf den Blutdruck aus, indem sie das »schlechte« LDL-Cholesterin senken und damit die Gefäße vor Ablagerungen (Arteriosklerose) schützen. Auch Fische wie Thunfisch, Hering, Lachs, Makrele und Sardinen sind eine gute Quelle für Omega-3-Fettsäuren.

Gut zu wissen

Viele fettreiche Lebensmittel wie Wurst oder Käse enthalten zugleich viel Salz. Wer sich hier ein wenig zurückhält, schlägt gleich zwei Fliegen mit einer Klappe!

Lightprodukte

Vorsicht bei fettreduzierten Produkten: Sie enthalten zwar weniger Fett, aber nicht unbedingt weniger Salz. Oft wird sogar mehr Salz zugesetzt, um den Geschmack zu verstärken, weil Fett ja als Geschmacksträger weitgehend wegfällt.

HÄUFIG GESTELLTE FRAGEN

Was soll ich trinken?

Leitungs- und Mineralwasser sind die Durstlöscher Nummer eins; rund 150 Liter Mineralwasser trinkt jeder Deutsche durchschnittlich pro Jahr. Doch Wasser ist nicht gleich Wasser. Suchen Sie beim Mineralwasserkauf nach natriumarmen Sorten (siehe Kasten). Diese können Sie gern mit Fruchtsäften mischen. Auf Limonade und andere zuckerhaltige Getränke sollte der Figur zuliebe verzichtet werden. Gleiches gilt für Cola – sie enthält viel Zucker, dazu noch blutdrucksteigerndes Koffein. Ungesüßte Kräuter- und Früchtetees können Sie in beliebiger Menge trinken. Vorsicht ist bei Gemüsesäften geboten: Viele Sorten enthalten mehr Natrium bzw. Salz, als man denkt – auch hier ist ein Blick aufs Etikett zu empfehlen.

Muss ich auf Alkohol völlig verzichten?

Fakt ist, dass sich bei regelmäßigem Alkoholkonsum auf Dauer der Blutdruck erhöht. Bei einem verantwortungsvollen Umgang ist jedoch nichts gegen ein gelegentliches (!) Glas Wein oder Bier einzuwenden (siehe auch Seite 10). Beachten Sie aber, dass alkoholische Getränke sehr energiereich sind und dadurch Übergewicht fördern. Die Pfunde wiederum verstärken das Risiko für zu hohen Blutdruck.

Natriumgehalt in Mineralwasser

Mineralwässer unterscheiden sich oft erheblich in ihrem Natriumgehalt. Manche Sorten enthalten über 1000 Milligramm Natrium pro Liter (mg/l). Zum Vergleich: Für Leitungs- bzw. Trinkwasser gilt laut aktueller Trinkwasser-Verordnung ein Grenzwert von 200 mg/l. Allerdings liegt das Natrium in Mineralwässern größtenteils nicht als Natriumchlorid, sondern in Form anderer Natriumsalze wie Natriumhydrogencarbonat oder Natriumhydrogenphosphat vor, die deutlich weniger blutdruckwirksam sind. Der Kochsalzgehalt in Mineralwässern ist in der Regel relativ gering. Trotzdem: Es summiert sich! Daher wird Hypertonikern empfohlen, aufs Etikett zu sehen: Ein natriumarmes Wasser (unter 20 mg/l) gilt als empfehlenswert, ein Gehalt unter 100 mg/l als akzeptabel. Im Internet finden Sie umfangreiche Tabellen, die den Natriumgehalt und andere Inhaltsstoffe der bekanntesten Sorten zum Vergleich auflisten (siehe Anhang Seite 158).

Darf ich Kaffee trinken?
Oder ist koffeinfreier Kaffee besser?

Entwarnung für Kaffeefans: Kaffee treibt zwar kurzfristig den Blutdruck hoch, trägt aber nicht zu chronischem Bluthochdruck bei. Trinkt jemand nur selten Kaffee, kann der anschließende Blutdruckanstieg relativ hoch ausfallen, bei regelmäßigen Kaffeetrinkern dagegen sind kaum Auswirkungen zu verspüren. Die empfohlene Menge ist daher individuell sehr verschieden. Wer nur ein bis zwei Tassen am Tag trinkt, hat jedenfalls nichts zu befürchten. Ist jemand das Kaffeetrinken gewohnt, halten Experten sogar bis zu vier oder fünf Tassen am Tag für vertretbar. Messen Sie im Zweifel nach dem Kaffeegenuss Ihren Blutdruck, um ein Gefühl dafür zu bekommen, wie gut Sie ihn vertragen. Von täglichem exzessivem Konsum ist aber abzuraten. Besonders gefährlich wird es, wenn der Kaffee noch mit Zigaretten oder Alkohol kombiniert wird, denn dann potenzieren sich die blutdrucksteigernden Effekte der einzelnen Substanzen. Ist koffeinfreier Kaffee besser? Die Forschungsergebnisse hierzu sind widersprüchlich. Angeblich soll koffeinfreier Kaffee – zumindest aus bestimmten Kaffeebohnen – zwar nicht den Blutdruck erhöhen, dafür aber das schädliche LDL-Cholesterin, das für Arteriosklerose mitverantwortlich ist. Bis Klarheit herrscht, sollte man Kaffee nur in Maßen genießen, egal ob mit oder ohne Koffein!

Koffeinhaltige Getränke

Das blutdrucksteigernde Koffein steckt nicht nur in Kaffee, sondern auch in Schwarztee, Kakaobohnen (Schokolade, Kakaogetränke) sowie manchen Soft- und Energydrinks. Dadurch kommt die empfohlene Höchstmenge von 400 mg am Tag schnell zusammen.

	mg Koffein/100 ml	mg Koffein pro Portion
	(je nach Sorte)	
Filterkaffee	60–100	90–150 (1 Tasse bzw. 150 ml)
Instantkaffee	40–80	60–120 (1 Tasse bzw. 150 ml)
Espresso	100–130	25–33 (1 Tasse bzw. 25 ml)
Schwarzer Tee	20–50	30–75 (1 Tasse bzw. 150 ml)
Trinkschokolade	8	12 (1 Tasse bzw. 150 ml)
Cola	10	33 (1 Dose, 330 ml)
Energy Drink	32	80 (1 Dose, 250 ml)
	mg Koffein/100 g	
Vollmilchschokolade	20	
Zartbitterschokolade	50	

Senkt grüner Tee den Blutdruck?

Die Blätter des grünen Tees enthalten Substanzen mit blutdrucksenkenden und gefäßschützenden Eigenschaften. Zwei bis drei Tassen grüner Tee pro Tag gelten als ideale Menge; sie können den Blutdruck um 3–5 mmHg reduzieren, wie mehrere Untersuchungen ergeben haben. Grünteeblätter dürfen aber nur mit 70–80 °C heißem Wasser übergossen werden, um ihre blutdruckfreundliche Wirkung entfalten zu können. Empfohlen wird ein gestrichener Teelöffel pro Tasse und eine Ziehzeit von etwa 2 Minuten. Übrigens wird auch Hibiskustee eine ähnliche Wirkung nachgesagt.

Muss ich auf Süßigkeiten verzichten?

Jein. Süßigkeiten haben keinen direkten Einfluss auf den Blutdruck, auf Umwegen aber durchaus. Durch ihren hohen Zucker- und oft auch Fettanteil führen sie schnell zu Übergewicht und begünstigen damit indirekt Bluthochdruck. Disziplin ist gefragt: Ab und zu darf man schon einmal etwas naschen, aber eben nicht zu oft und nicht zu viel. Ein guter Ersatz für Süßes können übrigens Nüsse oder süße Obststückchen sein. Manche Experten empfehlen auch den (maßvollen) Verzehr dunkler Schokolade mit mindestens 70 Prozent Kakaoanteil. Zwei bis drei Stückchen pro Tag sollen den Blutdruck durch die gefäßschützende Wirkung der enthaltenen Favonole und Phenole ein wenig senken. Mehr davon hilft allerdings nicht mehr!

Darf ich Lakritze essen?

Ja, aber nicht zu viel (maximal 10–30 Gramm pro Tag) und auch nicht regelmäßig. Lakritze, der Wurzelextrakt des Echten Süßholzes, kann in größerer Menge über den Wirkstoff Glycyrrhizin den Elektrolythaushalt beeinflussen: Der Blutdruck steigt bei gleichzeitig sinkender Kaliumkonzentration im Blut.

Senken Zwiebeln und Knoblauch den Blutdruck?

Der Wirkstoff Allicin hat erwiesenermaßen eine leicht blutdrucksenkende Wirkung. Der häufige und regelmäßige Verzehr von Knoblauch und Zwiebeln bedeutet daher einen Bonus in der Bluthochdrucktherapie. Knoblauch beugt aufgrund seiner fettsenkenden Wirkung auch Arteriosklerose vor.

Frühstücksideen

RUSTIKALES KRÄUTERBROT

Für 1 Brotlaib bzw. für etwa 12 Scheiben – Zubereitung: 45 Minuten
Ruhen: etwa 1 Stunde – Backen: etwa 30 Minuten – Schwierigkeitsgrad: leicht

Für den Teig

15 g frische Hefe

etwa 250 g Dinkelvollkornmehl, mehr zum Verarbeiten

1 kleine Prise Salz

1 EL Olivenöl

Für die Füllung

2 Handvoll Basilikum (etwa 50 g)

40 g geschälte Mandeln

2 Knoblauchzehen

2 EL Olivenöl

2 EL geriebener fettarmer Hartkäse

Pfeffer aus der Mühle

1 Spritzer frischer Zitronensaft

Nährwerte pro Scheibe: 9 kcal/586 kJ, 4,8 g EW, 6,5 g F, 14,1 g KH, 2,7 g Bst, 0,04 mg Chol, 1 BE

Für den Teig die Hefe mit etwa 175 ml lauwarmem Wasser verrühren. Das Mehl mit dem Salz in einer Schüssel mischen. Die aufgelöste Hefe mit dem Olivenöl zum Mehl geben und alles mit den Knethaken des elektrischen Handrührgeräts zu einem geschmeidigen Teig verkneten. Nach Bedarf noch etwas Mehl oder Wasser hinzufügen. Zugedeckt an einem warmen Ort etwa 45 Minuten gehen lassen.

Für die Füllung das Basilikum waschen, trocken schütteln und die Blättchen abzupfen. Die Mandeln in einer heißen Pfanne ohne Zugabe von Fett nur leicht anbräunen, herausnehmen und abkühlen lassen. Den Knoblauch schälen und mit dem Basilikum und den Mandeln in einem Mixer fein pürieren. Das Öl und 75 ml Wasser in einem dünnen Strahl dazugießen. Den Käse untermischen und das Pesto mit Pfeffer und Zitronensaft abschmecken.

Den Teig auf einer bemehlten Arbeitsfläche durchkneten und zu einem Rechteck ausrollen. Mit dem Pesto bestreichen, dabei jedoch einen 1 cm breiten Rand frei lassen. Von der Längsseite her aufrollen und einen Brotlaib formen. Auf ein mit Backpapier belegtes Backblech setzen. Zugedeckt nochmals etwa 15 Minuten gehen lassen. Inzwischen den Backofen auf 220 °C Umluft vorheizen.

Das Brot mit dem restlichen Öl bestreichen und im Ofen in 25–30 Minuten goldbraun backen. Herausnehmen, auskühlen lassen und in Scheiben geschnitten servieren.

QUARKBROT MIT MANDELN

Für 1 Kastenform (20 cm Länge) bzw. für etwa 15 Scheiben — Zubereitung: 15 Minuten
Ruhen: etwa 30 Minuten — Backen: etwa 50 Minuten — Schwierigkeitsgrad: leicht

50 g Chiasamen
100 g Leinsamenschrot
100 g Mandeln, gemahlen
2 EL Dinkelvollkornmehl
2 ½ TL Backpulver
1 kleine Prise Salz
300 g Magerquark
6 Eiweiß
Chiasamen und Sesamsamen zum Bestreuen

Nährwerte pro Portion: 116 kcal/483 kJ, 8,3 g EW, 6,8 g F, 2,9 g KH, 4,7 g Bst, 0 mg Chol, 0 BE

Den Backofen auf 180 °C Ober-/Unterhitze vorheizen. Die Chiasamen im Mörser oder mit zwei bis drei Stößen im Blitzhacker schroten. In eine Schüssel geben und mit allen trockenen Zutaten sowie dem Quark und dem Eiweiß verrühren und etwa 15 Minuten quellen lassen.

Die Kastenform mit Backpapier auslegen und den Teig einfüllen. Mit Chiasamen und Sesam großzügig bestreuen und im Ofen etwa 50 Minuten backen, bis das Brot gut gebräunt ist; dabei nach etwa 20 Minuten den Teig in der Mitte längs einschneiden. Das Brot herausnehmen und vor dem Stürzen mindestens 15 Minuten ruhen lassen.

MAISBROT MIT ZUCCHINI UND KÄSE

Für 1 kleines, tiefes Backblech (etwa 20 x 30 cm) bzw. für etwa 20 Stück
Zubereitung: 40 Minuten — Ruhen: etwa 1 Stunde 15 Minuten — Backen: etwa 45 Minuten
Schwierigkeitsgrad: leicht

200 ml Milch (1,5 % Fett), mehr nach Bedarf
½ Würfel Hefe (21 g)
1 TL Honig
300 g Maismehl, mehr nach Bedarf
200 g Kartoffelmehl
1 kleine Prise Salz
75 g Naturjoghurt (1,5 % Fett)
2 Eier
1 kleine Zucchini
100 g fettarmer Hartkäse (z.B. junger Gouda)

Außerdem

Olivenöl und Maismehl für das Blech
1 EL Milch (1,5 % Fett) zum Bestreichen

Nährwerte pro Stück: 118 kcal/506 kJ, 4,2 g EW, 1,9 g F, 20,8 g KH, 1 g Bst, 24,5 mg Chol, 1,5 BE

Die Milch in einem Topf lauwarm erwärmen. Die Hefe mit dem Honig in die Milch einrühren und etwa 15 Minuten quellen lassen. In einer Schüssel das Maismehl, das Kartoffelmehl und das Salz mischen. Die Hefemilch, den Joghurt und die Eier dazugeben und alles zu einem glatten Teig verkneten. Nach Bedarf noch etwas Milch oder Maismehl hinzufügen. Den Teig abgedeckt etwa 30 Minuten an einem warmen Ort ruhen lassen.

Die Zucchini waschen, putzen und raspeln. Den Käse reiben. Das Backblech leicht ölen und mit Maismehl ausstreuen. Die Zucchini und etwa ein Drittel vom Käse unter den Teig kneten, diesen gleichmäßig auf dem Blech verteilen und glatt streichen. Weitere 30 Minuten ruhen lassen. Inzwischen den Backofen auf 180 °C Ober-/Unterhitze vorheizen. Dabei eine ofenfeste Schale mit Wasser hineinstellen.

Nach der Ruhezeit den Teig mit der Milch bestreichen und im Ofen etwa 45 Minuten backen. In den letzten 15–20 Minuten mit dem restlichen Käse bestreuen und goldbraun überbacken. Das Maisbrot herausnehmen, auskühlen lassen und in Stücke geschnitten servieren.

FRUCHTIGE MÜSLI-MINI-MUFFINS

Für 1 Muffinbackblech mit Platz für 24 Mini-Muffins — Zubereitung: 20 Minuten
Backen: etwa 20 Minuten — Schwierigkeitsgrad: leicht

1 Banane
Saft von ½ Zitrone
200 g ungesüßtes Apfelmus
1 Ei
150 ml Mandelmilch
150 g Sojajoghurt
200 g zarte Haferflocken
2 EL Dinkelvollkornmehl
30 g Leinsamen
1 Msp. gemahlenes Lebkuchengewürz
1 TL Backpulver

Zum Garnieren

Kokosraspel
Mandelstifte
getrocknete Aprikosen
Walnusshälften

Nährwerte pro Stück: 55 kcal/232 kJ, 1,9 g EW, 1,3 g F, 8 g KH, 1,5 g Bst, 0,2 mg Chol, 0,5 BE

Den Backofen auf 160 °C Ober-/Unterhitze vorheizen. Die Mulden des Muffinbackblechs mit Mini-Papierförmchen auslegen. Die Banane schälen und in Stücke brechen. Im Mixer mit dem Zitronensaft, dem Apfelmus, dem Ei, der Mandelmilch und dem Sojajoghurt fein pürieren. In eine große Schüssel umfüllen. In einer weiteren Schüssel die Haferflocken mit dem Mehl, den Leinsamen, dem Lebkuchengewürz und dem Backpulver mischen, dann unter die feuchten Zutaten mengen.

Den Teig in die Förmchen füllen. Jeden Muffin nach Belieben mit Kokosraspeln, Mandelstiften, in Scheiben geschnittenen Aprikosen und Walnusshälften belegen bzw. bestreuen. Dann die Muffins im Ofen etwa 20 Minuten backen, bis sie leicht gebräunt sind. Herausnehmen, leicht abkühlen lassen, vom Blech nehmen und auf einem Kuchengitter vollständig auskühlen lassen.

HAFERBREI MIT ÄPFELN, NÜSSEN UND ZIMT

Für 4 Personen — Zubereitung: 10 Minuten — Garen: etwa 5 Minuten
Schwierigkeitsgrad: leicht

300 ml Milch (1,5 % Fett)
3 EL Honig
100 g zarte Haferflocken
2 Äpfel
30 g Haselnusskerne
½ TL gemahlener Zimt

Nährwerte pro Portion: 250 kcal/1051 kJ, 7,3 g EW, 7,2 g F, 36,6 g KH, 4,3 g Bst, 3 mg Chol, 3 BE

In einem Topf die Milch, 300 ml Wasser und den Honig aufkochen lassen. Die Haferflocken einrühren und 2–3 Minuten kochen. Vom Herd nehmen und abgedeckt einige Minuten quellen lassen.

In der Zwischenzeit die Äpfel waschen, halbieren, entkernen und würfeln. Die Haselnüsse hacken. Den Haferbrei in Schälchen verteilen und mit Äpfeln, Haselnüssen und dem Zimt bestreuen.

PANCAKES MIT FEIGEN UND MANDELN

Für 4 Personen — Zubereitung: 20 Minuten — Backen: etwa 20 Minuten
Schwierigkeitsgrad: leicht

250 ml Milch (1,5 % Fett)
100 g Magerquark
2 Eier
1 EL Ahornsirup
100 g Buchweizenmehl
100 g Mandeln, gemahlen
Pflanzenöl zum Backen

Zum Garnieren

8 Feigen
Feigensaft (nach Belieben)
Mandeln, geschält und gehackt

Nährwerte pro Portion: 336 kcal/1404 kJ, 13,3 g EW, 16,6 g F, 30,6 g KH, 4,6 g Bst, 4,5 mg Chol, 3 BE

In einer Schüssel die Milch mit dem Quark, den Eiern und dem Ahornsirup verquirlen. Das Buchweizenmehl mit den gemahlenen Mandeln dazugeben und alles zu einem glatten Teig verrühren.

Sehr wenig Öl in einer beschichteten Pfanne erhitzen und portionsweise bei mittlerer Temperatur Pancakes ausbacken. Dazu jeweils 1–2 EL Teig in die Pfanne geben, 1–2 Minuten goldbraun backen, wenden und auf der anderen Seite ebenfalls 1–2 Minuten goldbraun backen. Nach Belieben im Ofen warm halten (etwa 70 °C), bis alle Pancakes gebacken sind.

Die Feigen waschen und vierteln. Die Pancakes nach Belieben mit etwas Feigensaft beträufeln, mit den Feigen garnieren und mit den gehackten Mandeln bestreut servieren.

MANDELCRÊPES MIT QUARK-BEEREN-FÜLLUNG

Für 4 Personen — Zubereitung: 25 Minuten — Ruhen: etwa 30 Minuten
Backen: etwa 15 Minuten — Schwierigkeitsgrad: leicht

Für den Teig

250 g Mandelmehl
400 ml Mandelmilch
3 Eier
1 TL Agavendicksaft
2 EL Guarkernmehl
Pflanzenöl zum Backen

Für die Füllung

500 g Magerquark
3 EL Honig
Mark von ½ Vanilleschote
125 g Himbeeren
125 g Brombeeren
125 g Blaubeeren
3–4 Stängel Zitronenmelisse
Abrieb von 2 unbehandelten Limetten
gehackte Haselnusskerne zum Bestreuen

Nährwerte pro Portion: 485 kcal/2035 kJ, 52,8 g EW, 14,3 g F, 28,6 g KH, 12,4 g Bst, 181 mg Chol, 2,5 BE

Für den Teig alle Zutaten glatt verrühren und etwa 30 Minuten quellen lassen. Sehr wenig Öl in einer beschichteten Pfanne erhitzen und nacheinander aus dem Teig bei mittlerer Temperatur vier dünne Crêpes backen; dabei einmal wenden (siehe Tipp). Auf Küchenpapier abtropfen lassen und nach Belieben im Ofen warm halten (etwa 70 °C), bis alle Crêpes gebacken sind.

Für die Füllung den Quark mit dem Honig und dem Vanillemark gut verrühren. Die Beeren waschen, verlesen und mit Küchenpapier trocken tupfen. Die Zitronenmelisse waschen, trocken schütteln und die Blätter in feine Streifen schneiden.

Die Crêpes auf Tellern anrichten, den Quark und die Beeren auf die Hälfte eines jeden Crêpes verteilen und die andere Crêpe-Hälfte darüberklappen. Mit der Zitronenmelisse, dem Limettenabrieb und den Haselnüssen bestreuen.

Tipp: Die Mandelcrêpes sind nicht ganz so fest wie Crêpes, die mit Weizenmehl gebacken werden. Daher erst dann vorsichtig wenden, wenn sie fast durchgebacken sind.

Suppen

BUTTERNUSSKÜRBIS-MAIS-SUPPE

Für 4 Personen — Zubereitung: 20 Minuten — Garen: etwa 30 Minuten
Schwierigkeitsgrad: leicht

400 g Butternusskürbis
1 gelbe Paprikaschote
1 Zwiebel
1 Knoblauchzehe
2 EL Olivenöl
250 g Maiskörner (aus der Dose oder TK-Ware)
2 EL Maismehl
½ TL Currypulver
etwa 800 ml salzarme Gemüsebrühe
100 ml Sojasahne
1 kleine Prise Salz
Pfeffer aus der Mühle
frisch geriebene Muskatnuss
Thymianblättchen zum Garnieren

Nährwerte pro Portion: 236 kcal/990 kJ, 5,2 g EW, 13 g F, 21,4 g KH, 6,3 g Bst, 0,1 mg Chol, 1,5 BE

Den Kürbis schälen und entkernen. Das Fruchtfleisch in mundgerechte Würfel schneiden. Die Paprika waschen, halbieren, putzen und in Stücke schneiden. Die Zwiebel und den Knoblauch schälen und fein würfeln. Beides in einem Topf im heißen Olivenöl glasig anschwitzen. Die Kürbis- und Paprikastücke sowie den Mais dazugeben, ebenfalls kurz anschwitzen, dann das Mehl und Currypulver untermengen. Mit der Brühe ablöschen und die Sojasahne angießen. Etwa 20 Minuten unter gelegentlichem Rühren leise köcheln lassen.

Etwa ein Drittel der Suppe aus dem Topf nehmen und fein pürieren. Zurück zur restlichen Suppe gießen und je nach gewünschter Konsistenz noch ein wenig einköcheln lassen oder Brühe ergänzen. Mit Salz, Pfeffer und Muskat abschmecken. Auf Schalen oder Schüsseln verteilen und mit Thymian garniert servieren.

KARTOFFELCREMESUPPE MIT STEINPILZEN

Für 4 Personen — Zubereitung: 30 Minuten — Garen: etwa 20 Minuten
Schwierigkeitsgrad: leicht

500 g mehligkochende Kartoffeln
1 Zwiebel
1 Knoblauchzehe
2 EL Olivenöl
100 ml trockener Weißwein
800 ml salzarme Gemüsebrühe
1 kleine Prise Salz
Pfeffer aus der Mühle
frisch geriebene Muskatnuss
200 g frische Steinpilze
2 EL gehacktes Basilikum zum Bestreuen

Nährwerte pro Portion: 216 kcal/907 kJ, 5,9 g EW, 7,8 g F, 22,9 g KH, 5,3 g Bst, 0,1 mg Chol, 2 BE

Die Kartoffeln schälen, waschen und in grobe Würfel schneiden. Die Zwiebel und den Knoblauch schälen und fein würfeln. Beides in einem Topf in 1 EL heißem Olivenöl glasig anschwitzen. Die Kartoffelwürfel dazugeben und mit dem Wein ablöschen. Die Brühe angießen und im geschlossenen Topf etwa 15 Minuten bei mittlerer Temperatur köcheln lassen. Anschließend mit dem Stabmixer fein pürieren. Mit wenig Salz, Pfeffer und Muskat abschmecken.

Die Steinpilze putzen und in etwa 0,5 cm dicke Scheiben schneiden. Das restliche Olivenöl in einer Pfanne erhitzen und die Pilze darin 2–3 Minuten unter Wenden leicht bräunen. Die Suppe nochmals abschmecken, auf vier Teller verteilen und die Pilze daraufgeben. Mit dem Basilikum bestreuen und servieren.

CREMIGE FENCHEL-ERBSEN-SUPPE

Für 4 Personen — Zubereitung: 25 Minuten — Garen: etwa 20 Minuten
Schwierigkeitsgrad: leicht

2 kleine Scheiben Dinkelvollkornbrot (etwa 100 g)
2 EL Olivenöl
125 g mehligkochende Kartoffeln
1 kleiner Fenchel (etwa 150 g)
1 Zwiebel
250 g Erbsen (TK-Ware)
etwa 800 ml salzarme Gemüsebrühe
½ Handvoll Minze
1 kleine Prise Salz
Pfeffer aus der Mühle
frisch geriebene Muskatnuss
1–2 EL Zitronensaft
100 g Naturjoghurt (1,5 % Fett)

Nährwerte pro Portion: 254 kcal/1071 kJ, 10,3 g EW, 9,2 g F, 28,6 g KH, 7,3 g Bst, 0,1 mg Chol, 2 BE

Das Brot in einem Blitzhacker zu Bröseln verarbeiten. In einer Pfanne in 1 EL heißem Öl knusprig braun rösten. Anschließend auf Küchenpapier entfetten und beiseitestellen.

Die Kartoffeln schälen, waschen und klein würfeln. Den Fenchel putzen, waschen und klein schneiden. Die Zwiebel schälen, fein hacken und in einem Topf im restlichen Öl glasig anschwitzen. Die Kartoffeln, den Fenchel und die Erbsen hinzufügen und die Brühe angießen. Etwa 15 Minuten leise köcheln lassen.

Die Minze abbrausen, trocken schütteln und fein hacken. Zur Suppe geben, diese mit dem Stabmixer pürieren und mit wenig Salz, Pfeffer, Muskat und Zitronensaft abschmecken. Den Joghurt unterrühren (die Suppe nun nicht mehr kochen lassen). Auf vier Teller verteilen, mit den Bröseln bestreuen und servieren.

ZITRONENSUPPE MIT REIS UND KRESSE

Für 4 Personen — Zubereitung: 15 Minuten — Garen: etwa 25 Minuten
Schwierigkeitsgrad: leicht

1 l salzarme Gemüsebrühe
100 g Langkornreis
3 unbehandelte Zitronen
3 Eigelb
1 kleine Prise Salz
Pfeffer aus der Mühle
1 Msp. gemahlener Piment
4 EL Kresse

Nährwerte pro Portion: 144 kcal/610 kJ, 3,7 g EW, 1,3 g F, 24,6 g KH, 2 g Bst, 18,9 mg Chol, 2 BE

In einem Topf die Brühe aufkochen, den Reis hineingeben und bei niedriger Temperatur in etwa 25 Minuten weich kochen.

Die Zitronen heiß waschen und trocknen, die Zesten abziehen und fein hacken; ein wenig davon zum Garnieren beiseitelegen. Zwei Zitronen halbieren, auspressen und den Saft in einer Schüssel mit dem Eigelb verquirlen. Von der heißen Suppe etwa 200 ml abnehmen und in dünnem Strahl unter die Eimasse rühren. Die Mischung langsam zurück in den Suppentopf geben, dabei gut umrühren und die Suppe nicht mehr kochen lassen, damit das Eigelb nicht gerinnt. Die Zitronenzesten dazugeben. Die Suppe mit wenig Salz, Pfeffer und Piment abschmecken.

Die verbliebene Zitrone in Scheiben schneiden und halbieren. Die Suppe in Schalen füllen und mit den beiseitegelegten Zitronenzesten und der Kresse bestreuen. Mit den Zitronenscheiben garnieren, mit Pfeffer übermahlen und servieren.

DICKE QUINOA-MAIS-SUPPE

Für 4 Personen — Zubereitung: 25 Minuten — Garen: etwa 25 Minuten
Schwierigkeitsgrad: leicht

1 rote Paprikaschote
200 g grüne Bohnen
200 g vorwiegend festkochende Kartoffeln
1 Zwiebel
2 EL Olivenöl
400 g passierte Tomaten (aus der Dose)
etwa 600 ml salzarme Gemüsebrühe, mehr nach Bedarf
150 g Quinoa
1 Dose Mais (280 g Abtropfgewicht)
1 kleine Prise Salz
Pfeffer aus der Mühle
1 TL geräuchertes Paprikapulver
1 TL gemahlener Kümmel

Nährwerte pro Portion: 363 kcal/1528 kJ, 12 g EW, 11,4 g F, 48,1 g KH, 7,8 g Bst, 0,1 mg Chol, 3,5 BE

Die Paprika waschen, putzen und klein würfeln. Die Bohnen waschen, putzen und in kleine Stücke schneiden. Die Kartoffeln schälen, waschen und klein würfeln. Die Zwiebel schälen, fein hacken und in einem Topf im heißen Öl glasig anschwitzen. Die Tomaten und die Brühe angießen. Die Kartoffeln und die Paprika dazugeben und etwa 5 Minuten köcheln lassen. Die Quinoa in einem Sieb heiß abwaschen und hinzufügen. Weitere 15 Minuten garen. Nach etwa 5 Minuten die Bohnen und den abgetropften Mais dazugeben. Bei Bedarf noch Brühe ergänzen.

Die Suppe mit wenig Salz, Pfeffer, Paprikapulver und Kümmel pikant abschmecken. Auf vier Teller verteilen und servieren.

SMOKY SÜSSKARTOFFELSUPPE MIT TORTILLASTREIFEN

Für 6 Personen — Zubereitung: 30 Minuten — Einweichen: 3–4 Stunden
Garen: etwa 40 Minuten — Schwierigkeitsgrad: leicht

200 g kleine braune Linsen
1 rote Zwiebel
2 Knoblauchzehen
500 g Süßkartoffeln
2 Karotten
4 EL Olivenöl
1 TL gemahlener Kreuzkümmel
1 TL geräuchertes Paprikapulver
3 EL Tomaten-Paprika-Mark
1 l salzarme Gemüsebrühe
1 EL Chipotlepaste, mehr nach Geschmack
400 g stückige Tomaten (aus der Dose)
3–4 Maistortillas (Fertigprodukt)
2 unbehandelte Limetten
Pfeffer aus der Mühle

Nährwerte pro Portion: 442 kcal/1860 kJ, 8,1 g EW, 18,8 g F, 52,9 g KH, 7,5 g Bst, 0,1 mg Chol, 4 BE

Tipp: Anstelle der Tortillastreifen kann man die Suppe auch mit gehackter Petersilie oder mit Koriandergrün garnieren.

Die Linsen 3–4 Stunden in kaltem Wasser einweichen, anschließend abseihen und abtropfen lassen. Die Zwiebel und den Knoblauch schälen und fein würfeln. Die Süßkartoffeln schälen und in etwa 1,5 cm große Würfel schneiden. Die Karotten schälen und ebenfalls würfeln. In einem großen Topf 2 EL Olivenöl erhitzen und die Zwiebelwürfel darin unter Rühren 5–6 Minuten anschwitzen. Den Knoblauch, Kreuzkümmel und Paprikapulver hinzufügen und etwa 1 Minute unter Rühren mitgaren. Das Tomaten-Paprika-Mark unterrühren und kurz anschwitzen lassen, dann die Brühe angießen. Die Linsen, die Karotten- und Süßkartoffelwürfel, die Chipotlepaste und die Tomaten untermischen. Die Suppe erneut kurz aufkochen, die Temperatur reduzieren und alles 30–40 Minuten köcheln lassen, bis die Linsen und die Süßkartoffeln weich sind. Die Tortillas halbieren und in Streifen schneiden. In einer beschichteten Pfanne das restliche Öl (2 EL) erhitzen und die Tortillastreifen portionsweise darin knusprig braten, herausnehmen und auf Küchenpapier abtropfen lassen. Die Limetten heiß waschen, trocken reiben und in Spalten schneiden. Die Süßkartoffelsuppe mit Pfeffer und Chipotlepaste abschmecken, in tiefe Teller verteilen und mit den Tortillastreifen bestreut servieren. Die Limettenspalten in einer Schale separat dazu reichen.

Salate

HERBSTLICHER FENCHELSALAT MIT FRÜCHTEN UND NÜSSEN

Für 4 Personen — Zubereitung: 20 Minuten — Schwierigkeitsgrad: leicht

500 g junger Fenchel
120 g kernlose rote Weintrauben
40 g Walnusskerne
2 Birnen
2 EL frischer Zitronensaft
etwa 100 g fettarmer Feta
2 EL weißer Balsamicoessig
2 TL Honig
2 EL Olivenöl
Pfeffer aus der Mühle
Minzeblätter zum Garnieren

Nährwerte pro Portion: 310 kcal/1297 kJ, 11,5 g EW, 17,1 g F, 23,2 g KH, 8,3 g Bst, 0,1 mg Chol, 1,5 BE

Den Fenchel waschen, halbieren, den harten Strunk herausschneiden und die Fenchelhälften längs in dünne Scheiben hobeln. Die Trauben waschen, abzupfen und halbieren. Die Nüsse grob hacken. Die Birnen waschen, schälen, vierteln, entkernen und die Viertel in schmale Spalten schneiden. Mit dem Zitronensaft beträufeln.

Den Fenchel mit den Trauben und den Birnen auf großen Tellern dekorativ anrichten. Die Nüsse darüberstreuen und den Feta darüberbröckeln. Den Essig, den Honig und das Öl darüberträufeln und mit Pfeffer übermahlen. Mit der Minze garniert servieren.

Tipp: Der Feta kann durch salzärmeren Käse wie Ziegenfrisch- oder Ziegenweichkäse ersetzt werden.

QUINOASALAT MIT CURRY-MANGO-TOFU

Für 4 Personen — Zubereitung: 20 Minuten — Ziehen: etwa 30 Minuten
Garen: etwa 15 Minuten — Schwierigkeitsgrad: leicht

250 g Tofu
6 EL Mangosaft
1 TL Currypulver
Salz
Pfeffer aus der Mühle
200 g Quinoa
80 g Zuckerschoten
2 Frühlingszwiebeln
2–3 Stängel Koriandergrün
2 Avocados
Saft von 1 Limette
2 EL Traubenkernöl
1 EL Olivenöl

Nährwerte pro Portion: 496 kcal/2086 kJ, 19,7 g EW, 27 g F, 38,9 g KH, 7,9 g Bst, 0,1 mg Chol, 3,5 BE

Den Tofu in mundgerechte Stücke schneiden. Mit 4 EL Mangosaft, Curry, sehr wenig Salz und Pfeffer vermengen und etwa 30 Minuten ziehen lassen. Die Quinoa mit einer kleinen Prise Salz nach Packungsangabe kochen; nach Bedarf abtropfen und leicht abkühlen lassen. Die Zuckerschoten waschen, putzen und in Salzwasser knapp 1 Minute blanchieren. Abschrecken, abtropfen lassen und schräg halbieren. Die Frühlingszwiebeln waschen, putzen und in Ringe schneiden. Das Koriandergrün abbrausen, trocken schütteln und die Blätter abzupfen. Die Avocados schälen, halbieren, den Kern entfernen und das Fruchtfleisch in kleine Stücke schneiden.

Für das Dressing den Limettensaft mit dem restlichen Mangosaft (2 EL), dem Traubenkernöl, einer kleinen Prise Salz und Pfeffer verrühren und abschmecken.

Den Tofu in einer beschichteten Pfanne im Olivenöl kurz anbraten und heiß werden lassen. In einer Schüssel die Quinoa mit allen vorbereiteten Zutaten sowie mit dem Dressing vermengen. Den Salat abschmecken und servieren.

RHABARBER-SPARGEL-SALAT

Für 4 Personen — Zubereitung: 35 Minuten — Garen: etwa 10 Minuten
Schwierigkeitsgrad: leicht

200 g gemischter Pflücksalat (z.B. Rucola, Eichblatt, Blutampfer, Babyspinat)
300 g Rhabarber
500 g weißer Spargel
6 EL Olivenöl
2 EL frischer Orangensaft
2 EL Weißweinessig
1 kleine Prise Salz
weißer Pfeffer aus der Mühle
1 TL Agavendicksaft
1–2 EL Schnittlauchröllchen

Nährwerte pro Portion: 263 kcal/1100 kJ, 4,3 g EW, 23,1 g F, 6,7 g KH, 4,6 g Bst, 0,2 mg Chol, 0,5 BE

Den Salat waschen, putzen, trocken schleudern und auf vier Teller verteilen.

Den Rhabarber waschen, putzen, falls nötig die Fäden ziehen und die Stangen in etwa 4 cm lange Stücke schneiden. In einen Dämpfeinsatz legen, in einen Topf mit etwa 2 cm Wasser stellen, den Topf schließen und erhitzen. Sobald Dampf austritt, den Rhabarber 2–5 Minuten garen, sodass die Stücke noch leichten Biss haben.

Den Spargel schälen, die Enden abschneiden und die Stangen dritteln. 2 EL Öl in eine heiße Pfanne geben, den Spargel hineingeben und 8–10 Minuten bei mittlerer Temperatur unter gelegentlichem Wenden braten.

Für das Dressing den Orangensaft, den Essig, Salz, Pfeffer und den Agavendicksaft mit 2–3 EL Wasser verrühren. Das restliche Öl (4 EL) unterquirlen und das Dressing abschmecken. Den Spargel und Rhabarber auf dem Salat anrichten, mit dem Dressing beträufeln und mit Schnittlauch bestreut servieren.

Tipp: Wer mag, streut noch ein paar knackige Pistazienkerne über den Salat.

TÜRKISCHER BULGURSALAT

Für 4 Personen — Zubereitung: 30 Minuten — Quellen: etwa 3 Stunden
Garen: etwa 3 Minuten —Schwierigkeitsgrad: leicht

60 g Bulgur
150 ml frischer Orangensaft
2 EL Olivenöl
gemahlener Zimt
50 g Haselnusskerne
1 kleiner Granatapfel
160 g Naturjoghurt (1,5 % Fett)
4 Feigen
1 kleine Melone (z.B. Honigmelone)
4 Datteln
2 EL Sultaninen

Nährwerte pro Portion: 309 kcal/1294 kJ, 7 g EW, 15,8 g F, 32,2 g KH, 4,7 g Bst, 0,1 mg Chol, 2,5 BE

Den Bulgur in eine Schüssel geben. Den Orangensaft erhitzen, zusammen mit dem Olivenöl sowie etwas Zimt zum Bulgur hinzufügen, unterrühren und 3 Stunden quellen lassen.

Den Backofen auf 200 °C Ober-/Unterhitze vorheizen. Ein Backblech mit Backpapier belegen, die Haselnüsse darauf verteilen und im Ofen etwa 3 Minuten leicht rösten, dann herausnehmen und abkühlen lassen. Grob hacken.

Den Granatapfel aufbrechen und die Kerne herauslösen. Den Joghurt mit etwas Zimt glatt rühren. Die Feigen waschen, trocknen und in Stücke schneiden. Die Melone vierteln und entkernen, das Fruchtfleisch von der Schale abtrennen und in etwa 2 cm große Würfel schneiden. Die Datteln entsteinen und in Streifen schneiden. Die Feigen-, Melonen- und Dattelstücke mit den Sultaninen und den Haselnüssen unter den Bulgur mischen.

Den Salat auf Tellern anrichten und jeweils ein Viertel der Joghurtcreme darauf verteilen. Den fruchtigen Bulgursalat mit den Granatapfelkernen bestreuen und servieren.

BUNTER SALAT MIT GEGRILLTER SÜSSKARTOFFEL

Für 4 Personen — Zubereitung: 20 Minuten — Garen: etwa 10 Minuten
Schwierigkeitsgrad: leicht

Für den Salat

300 g gelbe und rote Kirschtomaten

1 rote Zwiebel

2 Handvoll Babyspinat

2 Süßkartoffeln (350–400 g)

3 EL Olivenöl

Salz

Pfeffer aus der Mühle

Rucolablätter zum Garnieren

Für das Dressing

1 TL Senf

1 Msp. Abrieb von 1 unbehandelten Zitrone

2 EL frische Dillspitzen

2–3 EL Weißweinessig

2–3 EL frischer Zitronensaft

1 EL Honig

4 EL Olivenöl

Pfeffer aus der Mühle

Nährwerte pro Portion: 493 kcal/2067 kJ, 5,7 g EW, 27 g F, 50,6 g KH, 6,7 g Bst, 0,2 mg Chol, 4 BE

Für den Salat die Kirschtomaten waschen und halbieren. Die Zwiebel schälen und in sehr dünne Spalten schneiden. Den Spinat waschen und trocken schütteln. Die Süßkartoffeln schälen und längs in knapp 1 cm dicke Scheiben schneiden. Mit dem Olivenöl bestreichen und in einer Grillpfanne von beiden Seiten je 5–7 Minuten braten. Mit wenig Salz und Pfeffer würzen.

Für das Dressing alle Zutaten verquirlen und mit Pfeffer abschmecken.

Alle vorbereiteten Zutaten für den Salat auf Tellern arrangieren, mit dem Dressing beträufeln und mit Pfeffer übermahlen. Mit den Rucolablättern garnieren und servieren.

Tipp: Braten Sie die Süßkartoffeln nicht zu dunkel, sonst schmecken sie bitter.

NUDELSALAT MIT ROTER BETE

Für 4 Personen — Zubereitung: 15 Minuten — Garen: etwa 25 Minuten
Schwierigkeitsgrad: leicht

400 g Rote Bete
Salz
1 EL Weinessig
200 ml Rote-Bete-Saft
400 g Dinkel-Vollkorn-Muschelnudeln
4 EL Rotweinessig
2 EL Olivenöl
Pfeffer aus der Mühle
1 Salatgurke
4 Frühlingszwiebeln
1 Handvoll Dill

Nährwerte pro Portion: 498 kcal/2103 kJ, 15,7 g EW, 10,5 g F, 79,9 g KH, 3,7 g Bst, 0,1 mg Chol, 6,5 BE

Die Roten Beten schälen und klein würfeln. In einem großen Topf mit wenig Salz, dem Weinessig, dem Rote-Bete-Saft und ausreichend Wasser etwa 10 Minuten köcheln lassen. Dann die Nudeln hinzufügen und zusammen mit der Roten Bete in 10–15 Minuten fertig garen. Den Topfinhalt abgießen, kurz abschrecken und abtropfen lassen. Die Nudeln und die Rote-Bete-Würfel mit dem Rotweinessig und dem Öl vermengen, mit wenig Salz und Pfeffer würzen, in eine Schüssel füllen und auskühlen lassen.

Die Gurke schälen, längs halbieren, die Kerne herausschaben und die Hälften in Stücke schneiden. Die Frühlingszwiebeln waschen, putzen und in Ringe schneiden. Den Dill abbrausen, trocken schütteln, abzupfen und fein hacken. Mit den Frühlingszwiebeln und Gurke vermengen, auf dem Nudelsalat verteilen und servieren.

Tipp: Rote Beten färben sehr intensiv und machen weder vor der Kleidung noch den Händen halt: Tragen Sie beim Schälen vorsichtshalber Gummihandschuhe.

SALAT MIT GEGRILLTER HÄHNCHENBRUST UND GRÜNEM SPARGEL

Für 4 Personen — Zubereitung: 25 Minuten — Garen: etwa 15 Minuten
Schwierigkeitsgrad: leicht

500 g grüner Spargel
2 Hähnchenbrustfilets à etwa 140 g
1 EL Olivenöl
1 TL edelsüßes Paprikapulver
Salz
Pfeffer aus der Mühle
1 Maiskolben (vorgegart und vakuumiert)
50 ml salzarme Gemüsebrühe
250 g Kirschtomaten
1 rote Zwiebel
150 g gemischter Blattsalat (z.B. Novita, Radicchio)
100 g Naturjoghurt (1,5 % Fett)
2–3 EL frischer Zitronensaft
1 Knoblauchzehe

Nährwerte pro Portion: 206 kcal/865 kJ, 22,4 g EW, 6,1 g F, 12,5 g KH, 1,3 g Bst, 43 mg Chol, 1 BE

Das untere Drittel vom Spargel schälen, dann den Spargel in kochendem Wasser etwa 5 Minuten garen, sodass er noch reichlich Biss hat. Abseihen, abschrecken und trocken tupfen. Die Hähnchenbrustfilets abbrausen und trocken tupfen. Das Öl mit Paprika, wenig Salz und Pfeffer verrühren und das Fleisch damit rundum bepinseln. Zusammen mit dem Spargel und dem Maiskolben in einer Grillpfanne kurz anbraten, mit der Brühe ablöschen, abdecken und 8–10 Minuten sanft schmoren.

In der Zwischenzeit die Kirschtomaten waschen, trocknen und halbieren. Die Zwiebel schälen, halbieren und in feine Streifen schneiden. Den Blattsalat abbrausen, trocken schütteln, putzen und kleiner zupfen.

Für das Dressing den Joghurt mit 1–2 EL Wasser und dem Zitronensaft verrühren. Den Knoblauch schälen und dazupressen. Mit Pfeffer abschmecken.

Das Fleisch und das Gemüse aus der Pfanne nehmen. Die Maiskörner vom Kolben schneiden, den Spargel halbieren und die Hähnchenbrustfilets in dünne Scheiben schneiden. Alle vorbereiteten Salatzutaten auf Tellern anrichten, das Dressing darüberträufeln und servieren.

WARMER LINSEN-KÜRBIS-SALAT

Für 4 Personen — Zubereitung: 30 Minuten — Einweichen: etwa 3 Stunden
Garen: etwa 25 Minuten — Schwierigkeitsgrad: leicht

200 g Berglinsen
400 g Kürbisfruchtfleisch (z.B. Hokkaidokürbis)
2 Schalotten
1 Knoblauchzehe
4 EL Olivenöl
etwa 500 ml salzarme Gemüsebrühe
1 Prise Salz
Pfeffer aus der Mühle
1 TL Paprikapulver
1 TL Currypulver
3 Frühlingszwiebeln
4 EL weißer Balsamicoessig
1 Handvoll Basilikumblätter zum Bestreuen

Nährwerte pro Portion: 286 kcal/1626 kJ, 14,4 g EW, 18,4 g F, 36,9 g KH, 7,4 g Bst, 0,15 mg Chol, 2,5 BE

Die Linsen etwa 3 Stunden in kaltem Wasser einweichen, anschließend abseihen und abtropfen lassen.

Das Kürbisfleisch in etwa 1,5 cm große Würfel schneiden. Die Schalotten und den Knoblauch schälen und beides fein würfeln. In einer großen Pfanne 1 EL Öl erhitzen und die Schalotten- und Knoblauchwürfel darin hell anschwitzen. Die Linsen dazugeben, 400 ml Brühe angießen und alles etwa 20 Minuten köcheln lassen. In einer zweiten Pfanne 1 EL Öl erhitzen, die Kürbiswürfel darin ringsum anschwitzen und mit Salz, Pfeffer, Paprika und Curry würzen. Die restliche Brühe angießen und den Kürbis zugedeckt in 15–20 Minuten nicht zu weich garen.

Die Frühlingszwiebeln waschen, putzen und in dünne Ringe schneiden. Die Linsen mit dem Essig, wenig Salz und Pfeffer würzen. Die Kürbiswürfel, das restliche Öl (2 EL) und die Frühlingszwiebeln hinzufügen und alles gut vermischen.

Die Basilikumblätter abbrausen, trocken schütteln und in feine Streifen schneiden. Den Linsensalat auf Tellern anrichten, mit dem Basilikum bestreuen und warm servieren.

Kleine Gerichte

KRÄUTERMUFFINS

Für 1 Muffinbackblech mit Platz für 12 Muffins — Zubereitung: 25 Minuten
Backen: etwa 25 Minuten — Schwierigkeitsgrad: leicht

2 Frühlingszwiebeln
1 Handvoll frische Kräuter (z.B. Thymian, Oregano, Basilikum)
300 g Dinkelvollkornmehl, mehr nach Bedarf
1 kleine Prise Salz
1 TL Backpulver
2 EL Olivenöl, mehr für das Muffinbackblech
200 ml Sojamilch, mehr nach Bedarf
3 Eier

Nährwerte pro Stück: 119 kcal/502 kJ, 3,9 g EW, 3,5 g F, 16,6 g KH, 2,5 g Bst, 1 mg Chol, 1,5 BE

Den Backofen auf 180 °C Umluft vorheizen. Die Frühlingszwiebeln waschen, putzen und fein hacken. Die Kräuter abbrausen, trocken schütteln, abzupfen und ebenfalls fein hacken. In einer Schüssel das Mehl mit dem Salz, den Kräutern, den Frühlingszwiebeln und dem Backpulver vermengen. In einer weiteren Schüssel das Öl mit der Sojamilch und den Eiern verquirlen. Die Mehlmischung hinzufügen und zügig unterrühren. Nach Bedarf noch etwas Sojamilch oder Mehl ergänzen.

Die Vertiefungen des Muffinbackblechs mit etwas Öl auspinseln und den Teig in die Förmchen füllen. Im vorgeheizten Backofen etwa 25 Minuten backen, bis die Muffins goldbraun sind. Herausnehmen und etwas abkühlen lassen, dann aus dem Blech lösen.

PUMPERNICKEL-HÄPPCHEN MIT ROSENKOHL

Für 4 Personen — Zubereitung: 20 Minuten — Garen: etwa 20 Minuten
Schwierigkeitsgrad: leicht

600 g Rosenkohl
Salz
1 Schalotte
1 EL Olivenöl
250 g geräucherter Tofu
1 säuerlicher Apfel
1 Birne
75 ml Sojasahne
Pfeffer aus der Mühle
4 Scheiben Pumpernickel (vegan)
Petersilienblätter und Dillspitzen zum Garnieren

Nährwerte pro Portion: 328 kcal/1370 kJ, 19 g EW, 11,4 g F, 30,5 g KH, 12,3 g Bst, 0,1 mg Chol, 2 BE

Den Rosenkohl waschen, putzen, halbieren und in kochendem Wasser mit wenig Salz in etwa 10 Minuten garen, sodass er noch leichten Biss hat. Abseihen, abschrecken und gut abtropfen lassen. Die Schalotte schälen, fein würfeln und in einer Pfanne im heißen Öl glasig anschwitzen. Den Tofu klein würfeln, mit in die Pfanne geben und 2–3 Minuten goldbraun rösten. Den Apfel und die Birne waschen, halbieren, entkernen und die Hälften klein würfeln. Zur Tofupfanne geben und 1–2 Minuten mitbraten. Die Sahne darüberträufeln und cremig einkochen lassen. Den Rosenkohl darin heiß werden lassen, vom Herd nehmen und mit wenig Salz und Pfeffer abschmecken.

Die Pumpernickelscheiben jeweils diagonal vierteln, kurz in einer heißen Pfanne oder im Toaster anrösten und auf vier Teller legen. Das Rosenkohlgemüse darauf verteilen und mit Petersilienblättern und Dillspitzen garniert servieren.

SÜSSKARTOFFELWÜRFEL AUF TOMATEN-RUCOLA-SALAT

Für 4 Personen — Zubereitung: 20 Minuten — Garen: etwa 20 Minuten
Schwierigkeitsgrad: leicht

350 g Süßkartoffeln
3 EL Olivenöl
1 kleine Prise Salz
Pfeffer aus der Mühle
150 g Kirschtomaten
1 Handvoll Rucola
je 1 gelbe und orangefarbene Paprikaschote
2–3 EL Weißweinessig
etwa 80 g Sesamsamen

Nährwerte pro Portion: 387 kcal/1624 kJ, 7,4 g EW, 25,9 g F, 27,8 g KH, 6,7 g Bst, 0,1 mg Chol, 2 BE

Die Süßkartoffeln schälen, waschen, mundgerecht würfeln und in einen Dämpfeinsatz legen. Mit 1 EL Öl beträufeln, sehr leicht salzen, pfeffern und zugedeckt in etwa 20 Minuten gar dämpfen.

In der Zwischenzeit die Kirschtomaten waschen, putzen und halbieren. Den Rucola waschen, putzen, trocken schleudern und nach Bedarf kleiner zupfen. Die Paprika waschen, halbieren, putzen und klein würfeln. In einer Schüssel das restliche Öl (2 EL) mit dem Essig und etwas Pfeffer verrühren. Die vorbereiteten Salatzutaten unter das Dressing mengen und auf kleine Schälchen verteilen.

Die fertig gegarten Süßkartoffelwürfel aus dem Dämpfeinsatz nehmen, im Sesam wälzen und auf dem Salat anrichten.

REISBRATLINGE MIT CHILI-MAYONNAISE

Für 4 Personen — Zubereitung: 20 Minuten — Garen: etwa 35 Minuten
Schwierigkeitsgrad: leicht

Für die Bratlinge

300 g Basmatireis
Salz
2 Schalotten
1 Karotte
100 g Erbsen (TK-Ware)
20 g frischer Ingwer
1 Handvoll Koriandergrün
1 Ei
1 EL Reisstärke
Pfeffer aus der Mühle
2 EL Olivenöl

Für die Mayonnaise

1 Eigelb
1 TL Senf
3 TL frischer Zitronensaft
etwa 60 ml natives Olivenöl
1 Msp. Chiliflocken
Pfeffer aus der Mühle

Nährwerte pro Portion: 510 kcal/2151 kJ, 11,2 g EW, 20,6 g F, 68,2 g KH, 3,5 g Bst, 60 mg Chol, 5,5 BE

Für die Bratlinge den Reis mit ungefähr der doppelten Menge Wasser in einen Topf geben, leicht salzen und zugedeckt bei niedriger Temperatur etwa 20 Minuten garen. In einer Schüssel ausdampfen und abkühlen lassen.

Die Schalotten und die Karotte schälen und fein würfeln. Die Erbsen in einem Sieb abbrausen. Den Ingwer schälen und fein reiben. Das Koriandergrün waschen, trocken schütteln und die Blätter klein schneiden. Die Schalotten, die Karotte, die Erbsen, den Ingwer und etwa die Hälfte des Korianders mit dem abgekühlten Reis, dem Ei und der Stärke vermengen. Mit Pfeffer abschmecken. Mit angefeuchteten Händen Bratlinge formen und diese in einer großen Pfanne im heißen Olivenöl von beiden Seiten goldbraun braten. Herausnehmen und warm stellen.

Für den Dip das Eigelb mit dem Senf und dem Zitronensaft verrühren. Das Öl in einem dünnen Strahl einlaufen lassen und dabei alles zu einer cremigen Mayonnaise verschlagen. Das restliche Koriandergrün und die Chiliflocken dazugeben; mit Pfeffer abschmecken.

Die Reisbratlinge zusammen mit der Mayonnaise servieren.

MEXIKANISCHE SALAT-TACOS MIT TOMATENSALSA UND AVOCADO

Für 4 Personen — Zubereitung: 20 Minuten — Garen: etwa 10 Minuten
Schwierigkeitsgrad: leicht

8 Tomaten
1 rote Zwiebel
1 rote Chilischote
2 Schalotten
2 Knoblauchzehen
3 EL Olivenöl
600 g Rinderhackfleisch
1 kleine Prise Salz
Pfeffer aus der Mühle
½ TL gemahlener Kreuzkümmel
1 Msp. Cayennepfeffer
2–3 Römersalatherzen
2 Avocados
2 TL frischer Limettensaft

Nährwerte pro Portion: 546 kcal/2293 kJ, 34,2 g EW, 40,6 g F, 8,7 g KH, 5,6 g Bst, 90 mg Chol, 0,5 BE

Die Tomaten waschen, halbieren, entkernen und würfeln. Die Zwiebel schälen und ebenfalls würfeln. Die Chilischote waschen, halbieren, putzen und fein hacken. Alles in eine Schüssel geben, vermischen und beiseitestellen.

Die Schalotten und den Knoblauch schälen und fein würfeln. Das Olivenöl in einer Pfanne erhitzen, die Schalotten und den Knoblauch darin leicht anschwitzen. Dann das Hackfleisch hinzufügen und krümelig und leicht gebräunt braten. Mit wenig Salz, Pfeffer, Kreuzkümmel und Cayennepfeffer abschmecken.

Die Salatherzen in einzelne Blätter zerteilen, waschen und trocken schütteln. Auf Teller legen. Die Avocados halbieren, entkernen, das Fruchtfleisch im Ganzen aus den Schalen heben und in Würfel schneiden. In eine Schüssel geben und den Limettensaft vorsichtig unterheben. Die Hackfleischmasse auf den Salatblättern anrichten, die Tomatenmischung und die Avocadowürfel darüber verteilen.

ZUCCHINI-MAKI MIT AVOCADOCREME

Für 4 Personen — Zubereitung: 20 Minuten — Garen: etwa 2 Minuten
Schwierigkeitsgrad: mittel

2 große Zucchini
Salz
1 Schalotte
2 Avocados
1 EL Sesamöl
2 EL frischer Limettensaft
150 g Frischkäse (Magerstufe)
etwa 80 g Sesamsamen, geröstet
Chiliflocken zum Bestreuen

Nährwerte pro Portion: 104 kcal/408 kJ, 5,4 g EW, 7,2 g F, 3,5 g KH, 0,99 g Bst, 0,04 mg Chol, 0 BE

Die Zucchini waschen, putzen und längs in etwa 2 mm dünne Scheiben schneiden. 16 schöne, große Scheiben aus der Mitte nehmen, den Rest anderweitig verwenden. Die Scheiben in sehr leicht gesalzenem Wasser kurz blanchieren, abschrecken und trocken tupfen.

Die Schalotte schälen und fein hacken. Die Avocados halbieren und den Kern entfernen. Das Fruchtfleisch aus der Schale heben, in eine Schüssel geben und mit einer Gabel fein zerdrücken. Die Schalottenwürfel, das Sesamöl, den Limettensaft und wenig Salz untermischen und die Creme würzig abschmecken.

Die Zucchinischeiben dünn mit der Avocadocreme bestreichen und einrollen. Den Frischkäse glatt rühren. Die Zucchiniröllchen rundum damit bestreichen, dann im gerösteten Sesam wälzen. Mit Chiliflocken bestreut servieren.

ZUCCHINIQUICHE MIT ZWIEBELKONFITÜRE

Für 1 eckige Tarteform (10 x 30 cm) bzw. für 4 Personen — Zubereitung: 40 Minuten
Kühlen: etwa 30 Minuten — Backen: etwa 40 Minuten — Schwierigkeitsgrad: leicht

Für den Teig

250 g Dinkelvollkornmehl, mehr zum Verarbeiten
50 g kalte Butter
1 Ei
Olivenöl für die Form

Für den Belag

4 Zucchini
1 Knoblauchzehe
1 EL Olivenöl
250 g Hüttenkäse
3 EL salzarme Gemüsebrühe
3 Eier
1 EL frisch gehackte Minze
75 g fettarmer Hartkäse, gerieben
Pfeffer aus der Mühle
frisch geriebene Muskatnuss
2–3 EL rote Zwiebelkonfitüre
junge Rübenblätter zum Bestreuen

Nährwerte pro Portion: 583 kcal/2446 kJ, 31,3 g EW, 27,6 g F, 49,8 g KH, 7,2 g Bst, 276 mg Chol, 3,5 BE

Für den Teig das Mehl auf eine Arbeitsfläche häufen. In die Mitte eine Mulde drücken, die Butter in Flöckchen um die Mulde herum verteilen und das Ei in die Mitte schlagen. Mit einem Messer alle Zutaten krümelig zerhacken und mit den Händen unter Zugabe von etwas kaltem Wasser rasch zu einem glatten Teig verarbeiten. Zu einer Kugel formen und in Frischhaltefolie gewickelt für etwa 30 Minuten in den Kühlschrank legen.

Den Backofen auf 200 °C Ober-/Unterhitze vorheizen. Die Tarteform einfetten. Für den Belag die Zucchini waschen, putzen und grob raspeln. Den Knoblauch schälen, fein hacken und in einer Pfanne im heißen Öl kurz anschwitzen. Die Zucchini dazugeben und 2–3 Minuten braten, bis keine Flüssigkeit mehr in der Pfanne ist. Vom Herd nehmen und ein wenig abkühlen lassen.

Den Teig auf einer bemehlten Arbeitsfläche etwas größer als die Form auswellen, die Tarteform damit auskleiden und dabei einen Rand hochziehen. Die Zucchiniraspel auf dem Teig verteilen. Den Hüttenkäse mit der Brühe, den Eiern, der Minze und dem Käse vermengen. Mit Pfeffer und Muskat würzen. Auf den Zucchini verteilen und die Tarte im vorgeheizten Backofen in etwa 40 Minuten goldgelb backen. Herausnehmen, einige Kleckse Zwiebelkonfitüre daraufsetzen und mit Rübenblättern bestreut servieren.

PILZRISOTTO IM GLAS

Für 4 Personen — Zubereitung: 30 Minuten — Garen: etwa 25 Minuten
Schwierigkeitsgrad: leicht

1 Zwiebel

400 g gemischte Pilze (z.B. Steinpilze, Portobello, weiße Champignons)

3 Stängel Petersilie

1 Zweig Rosmarin

etwa 800 ml salzarme Gemüsebrühe

2 EL Olivenöl

350 g Arborio-Reis

120 ml trockener Weißwein

1 kleine Prise Salz

Pfeffer aus der Mühle

1 EL kalte Butter

1 EL Magerquark

Nährwerte pro Portion: 437 kcal/1854 kJ, 11,1 g EW, 8,4 g F, 73,8 g KH, 3,4 g Bst, 0,6 mg Chol, 6 BE

Die Zwiebel schälen und fein würfeln. Die Pilze säubern, möglichst nicht waschen, putzen und in Scheiben oder Stücke schneiden. Die Petersilie und den Rosmarin abbrausen, trocken schütteln, die Blättchen bzw. Nadeln abzupfen und fein hacken. Die Gemüsebrühe erhitzen.

In einem Topf das Olivenöl erhitzen und die Zwiebel darin glasig anschwitzen. Den Risottoreis hinzufügen und ebenfalls kurz anschwitzen. Den Reis mit dem Weißwein ablöschen und die Flüssigkeit unter Rühren verdampfen lassen. Etwas heiße Brühe angießen, sodass die Reiskörner eben bedeckt sind, und unter Rühren köcheln lassen, bis die Flüssigkeit verdampft ist. Den Risotto mit wenig Salz und Pfeffer würzen und unter Rühren etwa 20 Minuten köcheln lassen, dabei nach und nach die restliche Brühe angießen.

In einer Pfanne die Butter erhitzen und die Pilze darin 3–4 Minuten anbraten, sehr leicht salzen und etwas pfeffern. Die Pilze zusammen mit dem Quark und den Kräutern unter den Reis mischen. Den Risotto noch kurz durchziehen lassen, dann in Bügelgläser füllen (oder auf Teller verteilen) und servieren.

Hauptgerichte mit Fleisch oder Fisch

PUTENROLLBRATEN MIT ÄPFELN UND THYMIAN

Für 1 Rollbraten bzw. für 4–6 Personen — Zubereitung: 40 Minuten
Garen: etwa 1 Stunde 30 Minuten — Schwierigkeitsgrad: mittel

1 kg Putenbrust, vom Metzger zum Rollbraten schneiden lassen
Pfeffer aus der Mühle
Salz
1 kg säuerliche Äpfel (z.B. Boskop)
1 Zitrone
1 Handvoll frischer Thymian
250 ml Apfelwein
Olivenöl für die Form
etwa 250 ml salzarme Geflügelbrühe
1 Lorbeerblatt
1 EL Wacholderbeeren

Nährwerte pro Portion: 366 kcal/1529 kJ, 43,2 g EW, 6,3 g F, 26,2 g KH, 3,9 g Bst, 84 mg Chol, 2 BE

Den Backofen auf 160 °C Ober-/Unterhitze vorheizen. Die Putenbrust abwaschen, trocken tupfen und auf der Arbeitsfläche flach ausbreiten. Von beiden Seiten mit Pfeffer würzen. Die Innenseite mit wenig Salz bestreuen. Die Äpfel waschen und trocknen. Drei Stück schälen und entkernen, in etwa 2 cm große Stücke schneiden und in eine Schüssel geben; die restlichen Äpfel beiseitelegen. Die Zitrone auspressen und die Apfelwürfel mit dem Saft beträufeln.

Den Thymian abbrausen und trocken schütteln. Von einem Zweig die Blättchen abzupfen und zu den gewürfelten Äpfeln geben. Etwa 100 ml Apfelwein hinzufügen und pfeffern. Die Mischung mittig auf das Fleisch geben und den Braten aufrollen. Mit Küchengarn zusammenschnüren und in eine gefettete Bratreine legen. Etwas Apfelwein sowie ein wenig Gemüsebrühe angießen und den Rollbraten im vorgeheizten Ofen etwa 45 Minuten garen. Dabei gelegentlich mit der Bratflüssigkeit übergießen.

In der Zwischenzeit die restlichen Äpfel vierteln und entkernen. Die Reine kurz aus dem Ofen nehmen und die Apfelviertel rund um den Braten verteilen. Das Lorbeerblatt und die Wacholderbeeren dazugeben. Die übrigen Thymianzweige daruntermischen. Die restliche Brühe sowie den Apfelwein angießen und das Fleisch weitere 45 Minuten garen lassen. Danach herausnehmen und kurz abkühlen lassen; den Thymian und das Lorbeerblatt entfernen. Den Braten in Scheiben schneiden und mit den Apfelvierteln servieren.

Tipp: Dazu passt Reis.

MARINIERTE HÄHNCHENBRUST MIT MANDEL-LAUCH-SAUCE

Für 4 Personen — Zubereitung: 20 Minuten — Marinieren: mindestens 2 Stunden
Garen: etwa 10 Minuten — Schwierigkeitsgrad: leicht

Für das Fleisch

4 Hähnchenbrustfilets à etwa 140 g
1 Knoblauchzehe
1 Stück frischer Ingwer (2 cm)
½ TL scharfer Senf
2 EL flüssiger Honig
2 EL Olivenöl
3 EL salzarme Sojasauce
Pfeffer aus der Mühle

Für die Sauce

1 Stange Lauch
1 rote Chilischote
1 EL Olivenöl
200 ml Kokosmilch
100 ml salzarme Gemüsebrühe
2 EL Mandelmus
Abrieb und Saft von 1 unbehandelten Limette
Salz
Pfeffer aus der Mühle

Nährwerte pro Portion: 356 kcal/1494 kJ, 36,8 g EW, 17,9 g F, 10,1 g KH, 1,8 g Bst, 86 mg Chol, 0,5 BE

Die Hähnchenbrustfilets abbrausen und trocken tupfen. Für die Marinade den Knoblauch und den Ingwer schälen und beides fein hacken. In einer Schüssel mit dem Senf, dem Honig, dem Öl und der Sojasauce verrühren. Das Fleisch rundum mit der Marinade bestreichen und abgedeckt im Kühlschrank mindestens 2 Stunden ziehen lassen.

Für die Sauce den Lauch waschen, putzen und in feine Streifen schneiden. Die Chilischote waschen, halbieren, putzen und fein hacken. Zusammen mit dem Lauch in einem Topf im heißen Öl farblos anschwitzen. Mit der Kokosmilch und der Gemüsebrühe ablöschen. Das Mandelmus einrühren und die Sauce 6–8 Minuten leicht sämig einkochen lassen. Mit Limettenabrieb und -saft, wenig Salz und Pfeffer abschmecken. Das Hähnchen aus der Marinade nehmen, mit Pfeffer würzen und in einer Pfanne auf beiden Seiten 6–7 Minuten bei geringer Temperatur garen (siehe Tipp). Die Sauce auf Tellern anrichten, das Hähnchen in Tranchen geschnitten darauflegen und servieren.

Tipp: Verwenden Sie zum Garen eine beschichtete Pfanne, dann genügt die ölhaltige Marinade des Fleisches und eine weitere Fettzugabe ist nicht nötig.

ZUCCHINI-LACHS-PIZZA

Für 4 Pizzas bzw. für 4 Personen — Zubereitung: 40 Minuten — Ruhen: etwa 1 Stunde Backen: etwa 20 Minuten — Schwierigkeitsgrad: mittel

Für den Teig

½ Würfel Hefe (21 g)
1 Prise Zucker
etwa 400 g Dinkelvollkornmehl, mehr zum Verarbeiten
2 EL Olivenöl
1 kleine Prise Salz

Für den Belag

2 junge Zucchini
450 g Lachsfilet
1 unbehandelte Zitrone
125 g Magerquark
100 g Hüttenkäse
2–3 EL gehackte Kräuter (z.B. Dill, Schnittlauch, Petersilie)
Pfeffer aus der Mühle
2 TL Kapern (aus dem Glas)
1 Handvoll Rucola

Nährwerte pro Portion: 715 kcal/3007 kJ, 46 g EW, 24,5 g F, 69,7 g KH, 11,5 g Bst, 68 mg Chol, 5,5 BE

Für den Teig die Hefe in eine Schüssel bröckeln und mit dem Zucker sowie mit 175 ml lauwarmem Wasser glatt rühren. Das Mehl, das Öl und das Salz dazugeben und alles zu einem geschmeidigen Teig verkneten. Nach Bedarf noch etwas Mehl oder Wasser hinzufügen. Den Teig abgedeckt an einem warmen Ort etwa 1 Stunde gehen lassen.

Währenddessen für den Belag die Zucchini waschen, putzen und längs in dünne Scheiben schneiden oder hobeln. Den Lachs waschen, trocken tupfen und in dünne Scheiben schneiden. Die Zitrone heiß waschen, abtrocknen, die Schale dünn abschneiden (möglichst ohne weiße Haut) und in feine Streifen schneiden. Den Saft auspressen. In einer Schüssel den Quark mit dem Hüttenkäse, den Kräutern, Pfeffer und etwas Zitronensaft verrühren und abschmecken. Die Kapern abtropfen lassen. Den Rucola waschen und trocken schleudern.

Den Backofen mit zwei Blechen auf 220 °C Umluft vorheizen. Den Teig auf bemehlter Arbeitsfläche nochmals gut durchkneten, in vier Portionen teilen und jeweils zu dünnen Pizzas ausrollen. Auf die Bleche legen und etwa 5 Minuten vorbacken. Dann herausnehmen, mit der Creme bestreichen und mit Lachs und Zucchini belegen. Mit der Zitronenschale und den Kapern bestreuen und im Ofen weitere 15 Minuten backen. Die fertigen Pizzas herausnehmen und mit Rucola bestreuen. Mit ein wenig Zitronensaft beträufelt servieren.

POCHIERTE FORELLE MIT GRÜNEM SPARGEL UND KAPERNSAUCE

Für 4 Personen — Zubereitung: 45 Minuten — Garen: etwa 30 Minuten
Schwierigkeitsgrad: leicht

Für den Fisch

4 küchenfertige Forellen oder Lachsforellen à etwa 400 g
500 g grüner Spargel
800 g kleine festkochende Kartoffeln
500 ml salzarme Gemüsebrühe
1 EL Olivenöl
etwas gehackte Petersilie zum Bestreuen

Für die Sauce

2 Gewürzgurken
1 Handvoll Petersilie
1 Zwiebel
1 Eigelb
1 TL mittelscharfer Senf
3 EL Weißweinessig
1 Prise Zucker
50 ml Rapsöl
2 EL Kapern (aus dem Glas)
Salz
Pfeffer aus der Mühle

Nährwerte pro Portion: 360 kcal/1501 kJ, 7,8 g EW, 18,4 g F, 37 g KH, 3,3 g Bst, 72 mg Chol, 3 BE

Mit der Kapernsauce beginnen. Dazu die Gewürzgurken in kleine Würfel schneiden. Die Petersilie waschen, trocken schütteln und hacken; die Zwiebel schälen und ebenfalls klein würfeln. In einer Schüssel das Eigelb mit dem Senf, dem Essig und dem Zucker verrühren. Das Öl in einem dünnen Strahl einlaufen lassen und dabei zu einer gebundenen Vinaigrette verschlagen. Die Gurken, die Petersilie, die Zwiebelwürfel und die abgetropften Kapern hinzufügen; mit wenig Salz und Pfeffer abschmecken.

Für den Fisch die Forellen oder Lachsforellen waschen und trocken tupfen. Den Spargel waschen, im unteren Drittel schälen und je nach Bedarf holzige Enden entfernen. Die Kartoffeln waschen und halbieren. Die Kartoffeln in kochendem Wasser 15–20 Minuten garen, dann abseihen und abtropfen lassen. Während die Kartoffeln garen, in einem breiten Topf die Gemüsebrühe zum Kochen bringen, die Forellen einlegen und zugedeckt bei niedriger Temperatur in 10–15 Minuten gar ziehen lassen. Den Spargel in kochendem Wasser 8–10 Minuten garen, dann herausheben und abtropfen lassen. Die Forellen oder Lachsforellen aus dem Sud heben und vorsichtig die Haut abziehen. Zusammen mit den Kartoffeln und dem Spargel auf Tellern anrichten. Den Spargel mit dem Olivenöl bestreichen, die Kapernsauce über die Forellen verteilen und die Kartoffeln mit gehackter Petersilie bestreuen.

KABELJAUFRIKADELLEN AUF AVOCADOSALAT

Für 4 Personen — Zubereitung: 35 Minuten — Ziehen: etwa 20 Minuten
Garen: etwa 20 Minuten — Schwierigkeitsgrad: mittel

4–5 altbackene Dinkelvollkornbrötchen
125 ml Milch (1,5 % Fett)
125 ml salzarme Gemüsebrühe
4 Schalotten
300 g Kabeljaufilet
2 Eier
3 EL Dinkelvollkornmehl
3 EL gehackte Petersilie
Pfeffer aus der Mühle
1 rote Peperoni
1 TL mittelscharfer Senf
3 EL frischer Limettensaft
6 EL Olivenöl
2 Avocados
gehacktes Koriandergrün zum Bestreuen

Nährwerte pro Portion: 643 kcal/2696 kJ, 28,4 g EW, 38,9 g F, 41 g KH, 8,3 g Bst, 122 mg Chol, 3,5 BE

Die Brötchen würfeln und in eine Schüssel geben (die beim Schneiden anfallenden Brösel aufbewahren). Die Milch und die Gemüsebrühe lauwarm erwärmen und gleichmäßig über die Brötchenwürfel gießen. Etwa 20 Minuten ziehen lassen.

In der Zwischenzeit die Schalotten schälen und fein würfeln. Den Kabeljau waschen, trocken tupfen und in kleine Würfel schneiden. Die eingeweichten Brotwürfel mit etwa drei Viertel der Schalottenwürfel, dem Kabeljau, den Eiern, dem Mehl und der gehackten Petersilie verkneten. Mit Pfeffer abschmecken. Aus der Masse mit angefeuchteten Händen Bällchen formen. Sollte die Masse etwas zu feucht sein, die Brötchenbrösel unterkneten und danach nochmals kurz quellen lassen. Einen großen Topf mit Wasser zum Kochen bringen. Die Bällchen hineingeben und bei niedriger Temperatur in etwa 10 Minuten gar ziehen lassen. Herausheben, abtropfen und vollständig abkühlen lassen.

Die Peperoni waschen, putzen und in feine Ringe schneiden. Mit den restlichen Schalottenwürfeln, dem Senf, dem Limettensaft und 4 EL Olivenöl zu einer Vinaigrette verschlagen. Das restliche Olivenöl (2 EL) in einer Pfanne erhitzen und die Fischfrikadellen darin von allen Seiten hellbraun braten. Die Avocados halbieren, entkernen und das Fruchtfleisch im Ganzen herausheben. In Streifen schneiden und auf Tellern anrichten. Mit der Vinaigrette beträufeln und die Fischfrikadellen darauf anrichten. Mit Koriander bestreut servieren.

SCHNELLES FISCHRAGOUT

Für 4 Personen — Zubereitung: 15 Minuten — Garen: etwa 10 Minuten
Schwierigkeitsgrad: leicht

600 g Lachsfilet ohne Haut

400 g Kirschtomaten

1 Bund Frühlingszwiebeln

1 Handvoll frische Minze

2 EL Olivenöl

Salz

Pfeffer aus der Mühle

50 ml salzarme Gemüsebrühe

Nährwerte pro Portion: 371 kcal/1552 kJ, 31,7 g EW, 24,4 g F, 5,2 g KH, 0,3 g Bst, 87 mg Chol, 0,5 BE

Den Lachs waschen, trocken tupfen und grob würfeln. Die Kirschtomaten einige Sekunden in kochendes Wasser tauchen, kalt abbrausen und die Haut abziehen. Die Frühlingszwiebeln waschen, putzen und schräg in Röllchen schneiden. Die Minze waschen, trocken schütteln und die Blätter abzupfen.

In einer Pfanne das Olivenöl erhitzen, die Tomaten und die Frühlingszwiebeln darin bei nicht zu hoher Temperatur unter Rühren anschwitzen. Den Lachs hinzufügen, mit wenig Salz würzen, pfeffern und 3–4 Minuten unter Schwenken garen. Mit der Brühe ablöschen und den Fisch in einigen Minuten gar dünsten. Zuletzt die Minze hinzufügen und untermischen. Das Ragout auf Tellern anrichten und servieren.

GEGRILLTE LACHSFORELLENRÖLLCHEN AUF CAJUN-ART MIT REIS

Für 4 Personen — Zubereitung: 25 Minuten — Garen: etwa 40 Minuten
Schwierigkeitsgrad: leicht

200 g Naturreis
Salz
500 g Lachsforellenfilet
½ unbehandelte Zitrone
2 rote Zwiebeln
1 Handvoll Koriandergrün
½ TL Koriandersamen
4 EL Olivenöl
Saft von 1 Limette
2 Msp. Chiliflocken
Limettenspalten zum Garnieren

Nährwerte pro Portion: 370 kcal/1559 kJ, 4,6 g EW, 19,2 g F, 42 g KH, 2 g Bst, 0,2 mg Chol, 3,5 BE

Den Reis in kochendem Wasser mit wenig Salz nach Packungsanleitung garen, abseihen und abtropfen lassen. Inzwischen das Lachsforellenfilet waschen, mit Küchenpapier trocken tupfen und in breite, lange Streifen schneiden. Die Zitrone waschen und trocknen, die Schale mit einem Zestenreißer abziehen und den Saft auspressen. Die Zwiebeln schälen und in dünne Spalten schneiden. Das Koriandergrün waschen, trocken schütteln und klein schneiden. Die Koriandersamen im Möser zerreiben, mit 3 EL Öl und dem Limettensaft verrühren. Die Fischstreifen damit bestreichen, zu Röllchen eindrehen und mit Holzspießen feststecken (siehe Tipp).

Das restliche Öl (1 EL) in einer Pfanne erhitzen und die Zwiebeln darin anschwitzen. Den Reis und die Zitronenzesten dazugeben und unter Rühren etwa 5 Minuten garen. Mit Zitronensaft und Chiliflocken abschmecken. Warm stellen. Die Lachsröllchen auf dem Grill etwa 6 Minuten von allen Seiten braten. Auf dem Reis anrichten, mit dem Koriandergrün bestreuen und mit Limettenspalten garnieren.

Tipp: Holzspieße lassen sich leichter bestücken, wenn man sie zuvor einige Minuten in kaltes Wasser legt.

TINTENFISCH-RISOTTO MIT STEINPILZEN

Für 4 Personen — Zubereitung: 20 Minuten — Garen: etwa 25 Minuten
Schwierigkeitsgrad: leicht

etwa 750 ml salzarme Gemüsebrühe
1 kleine Zwiebel
4 EL Olivenöl
1 Lorbeerblatt
1 Msp. Steinpilzpulver
225 g Risottoreis
100 ml trockener Weißwein
Pfeffer aus der Mühle
250 g Steinpilze
400 g küchenfertige kleine Tintenfische
1 EL frischer Zitronensaft
1 EL Frischkäse (Magerstufe)
gehackte Petersilie und Thymian zum Garnieren

Nährwerte pro Portion: 432 kcal/1826 kJ, 15,6 g EW, 17,7 g F, 48,2 g KH, 1,1 g Bst, 3,3 mg Chol, 4 BE

In einem Topf die Gemüsebrühe erhitzen. Die Zwiebel schälen, fein würfeln und in einem weiteren Topf in 2 EL heißem Öl anschwitzen. Das Lorbeerblatt und das Steinpilzpulver dazugeben. Den Reis einstreuen und glasig werden lassen. Anschließend den Wein angießen und einkochen lassen. Etwas heiße Brühe hinzufügen und pfeffern. Den Risotto unter gelegentlichem Rühren in etwa 20 Minuten cremig garen, sodass der Reis noch leichten Biss behält; dabei nach und nach die restliche Brühe ergänzen.

Während der Risotto gart, die Pilze putzen und klein schneiden. In einer Pfanne in 1 EL heißem Öl bei hoher Temperatur leicht bräunen, mit Pfeffer würzen und für die letzten 5 Minuten unter den Risotto mischen.

Die Tintenfische waschen und trocken tupfen, die Arme abtrennen, den Rest in Stücke schneiden. Alles in der Pfanne, in der die Pilze gebraten wurden, im restlichen Öl (1 EL) rasch und kurz anbraten, pfeffern, mit Zitronensaft beträufeln und 2 Minuten bei geschlossenem Deckel ziehen lassen. Die kleineren Tintenfischstücke mit dem Frischkäse unter den Risotto mischen. Abschmecken und in Schälchen anrichten. Die Tintenfischarme auf dem Reis platzieren und das Gericht mit Petersilie und Thymian garnieren.

Vegetarische Hauptgerichte

STEINPILZKLÖSSE AUF ZWIEBEL-GURKEN-GEMÜSE

Für 4 Personen— Zubereitung: 1 Stunde — Einweichen: etwa 30 Minuten
Garen: etwa 25 Minuten — Schwierigkeitsgrad: leicht

Für die Klöße

10 g getrocknete Steinpilze
2 Schalotten
1 EL Olivenöl
150 g Buchweizen, mittelgrob gemahlen
200 ml salzarme Gemüsebrühe
Pfeffer aus der Mühle
frisch geriebene Muskatnuss
2 Eier

Für das Gemüse

500 g rote Zwiebeln
1 EL Olivenöl
1–2 TL gemahlener Kümmel
Pfeffer aus der Mühle
1 Gurke
4 EL Sojasahne
1 TL Dijonsenf
2 EL gehackter Dill
Dillspitzen zum Garnieren

Nährwerte pro Portion: 320 kcal/1349 kJ, 10,6 g EW, 14 g F, 35,5 g KH, 5,2 g Bst, 120 mg Chol, 2,5 BE

Für die Klöße die Steinpilze in 100 ml heißem Wasser etwa 30 Minuten einweichen. Anschließend abseihen, das Einweichwasser auffangen und durch einen Kaffeefilter filtern. Die eingeweichten Pilze gut waschen, abtropfen lassen und klein schneiden.

Die Schalotten schälen und fein würfeln. In einem Topf im heißen Öl glasig anschwitzen. Den Buchweizen dazugeben, vom Herd nehmen und unter ständigem Rühren das Pilzwasser und die Gemüsebrühe dazugießen. Aufkochen lassen und 2–3 Minuten kochen lassen, dabei stetig rühren. Die Masse sollte einen Kloß bilden, der sich vom Topfboden löst. Vom Herd nehmen, die Pilze, Pfeffer und Muskat dazugeben und untermengen. Die Eier gründlich unterrühren. Mit einem Esslöffel kleine Teigportionen abnehmen und mit feuchten Händen zu acht Klößen formen. In einem weiten Topf Wasser zum Kochen bringen, die Klöße einlegen und etwa 5 Minuten garen, bis sie an der Oberfläche schwimmen. Dann weitere 10 Minuten bei niedriger Temperatur ziehen lassen. Anschließend herausheben und kurz abtropfen lassen. Während die Klöße garen, das Gemüse zubereiten. Dazu die Zwiebeln schälen und in feine Streifen schneiden. In einem Topf oder in einer Pfanne im heißen Öl glasig anschwitzen. 3–4 EL vom Kochwasser der Klöße dazugeben, mit Kümmel und Pfeffer würzen und in etwa 5 Minuten weich dünsten. In der Zwischenzeit die Gurke waschen und in schmale Streifen schneiden. Zur Zwiebel geben, die Sojasahne, den Senf und den Dill unterrühren und das Gemüse abschmecken. Zusammen mit den Klößen in tiefen Tellern anrichten und mit Dillspitzen garnieren.

GEFÜLLTE CHAMPIGNONS MIT BLUMENKOHL UND KICHERERBSEN

Für 4 Personen — Zubereitung: 25 Minuten — Garen: etwa 35 Minuten
Schwierigkeitsgrad: leicht

5 EL Olivenöl
8 Portobello-Pilze
Salz
Pfeffer aus der Mühle
1 Zwiebel
2 Knoblauchzehen
1 TL Koriandersamen
450 g Blumenkohl
350 g Kirschtomaten
1 Handvoll junger Spinat
400 g Kichererbsen (aus der Dose)
1 Prise Zucker
1 TL Harissa (nordafrikanische Gewürzpaste)
60 ml salzarme Gemüsebrühe

Außerdem

8 EL Frischkäse oder dickflüssiger Joghurt
Koriandergrün zum Garnieren

Nährwerte pro Portion: 414 kcal/1739 kJ, 20,6 g EW, 22,2 g F, 27 g KH, 10,6 g Bst, 0,1 mg Chol, 2 BE

Den Backofen auf 180 °C Ober-/Unterhitze vorheizen. Eine große Form mit 1 EL Olivenöl fetten. Die Pilze putzen; die Stiele herausdrehen, klein würfeln und beiseitestellen. Die Hüte nach Belieben häuten, mit 2 EL Öl bepinseln und mit der Unterseite nach oben in die Form setzen. Die Pilzhüte mit sehr wenig Salz bestreuen, pfeffern und im Ofen etwa 20 Minuten backen. Inzwischen die Zwiebel und den Knoblauch schälen und beides fein würfeln. Die Koriandersamen im Mörser grob zerstoßen. Den Blumenkohl waschen, putzen und in kleine Röschen teilen. Die Kirschtomaten waschen und abtrocknen. Den Spinat waschen, verlesen und abtropfen lassen. Die Kichererbsen in einem Sieb abbrausen und ebenfalls abtropfen lassen. In einer großen Pfanne das restliche Öl (2 EL) erhitzen und die Zwiebel darin hell anschwitzen. Dann den Knoblauch, die gewürfelten Pilzstiele, den zerstoßenen Koriander und den Zucker hinzufügen und 2 Minuten unter Rühren mitgaren. Die Blumenkohlröschen, die Kichererbsen und Harissa untermengen und alles weitere 2 Minuten unter Rühren braten, dann mit der Gemüsebrühe ablöschen. Die Kirschtomaten untermischen und das Gemüse 6–8 Minuten zugedeckt garen, bis der Blumenkohl weich ist, dann mit Salz und Pfeffer abschmecken. Zum Schluss die Spinatblätter untermengen und zusammenfallen lassen. Die Pilzhüte aus dem Ofen nehmen, mit der Blumenkohl-Kichererbsen-Mischung füllen und noch etwa 5 Minuten im Ofen backen. Die Pilze herausnehmen, je zwei Hüte auf Tellern anrichten und jeweils 1 EL Frischkäse oder Joghurt daraufsetzen. Die gefüllten Portobello-Pilze mit Korianderblättchen bestreuen, mit Pfeffer übermahlen und servieren.

ROTE BETE UND SÜSSKARTOFFELN AUS DEM OFEN

Für 4 Personen — Zubereitung: 20 Minuten — Garen: etwa 45 Minuten
Schwierigkeitsgrad: leicht

4 mittelgroße Rote Beten
4 Süßkartoffeln
40 g Pinienkerne
2 EL helle Sesamsamen
2 EL schwarze Sesamsamen
2–3 Stängel Minze
400 g Hüttenkäse
1 EL Olivenöl, mehr zum Bestreichen der Alufolie
1 kleine Prise Salz
Pfeffer aus der Mühle

Nährwerte pro Portion: 533 kcal/2225 kJ, 21,2 g EW, 26,4 g F, 47 g KH, 9,3 g Bst, 0,1 mg Chol, 4 BE

Den Backofen auf 180 °C Umluft vorheizen. Acht Stücke Alufolie bereitlegen. Die Roten Beten und die Süßkartoffeln waschen und trocknen. Die Folienstücke auf einer Seite mit Olivenöl bestreichen und die Roten Beten sowie die Süßkartoffeln einzeln darin einschlagen. Im Ofen auf einem Blech 40–45 Minuten garen, bis sich das Gemüse leicht einstechen lässt.

In der Zwischenzeit die Pinienkerne in einer beschichteten Pfanne ohne Fettzugabe leicht bräunen und dann hacken. Den Sesam ebenfalls leicht anrösten und mit den gehackten Pinienkernen vermischen. Die Minze waschen, trocken schütteln und die Blätter fein schneiden. In einer Schüssel mit dem Hüttenkäse und dem Olivenöl vermengen, mit sehr wenig Salz und Pfeffer würzen.

Das fertig gegarte Gemüse auspacken, je eine Rote Bete und eine Süßkartoffel auf einem Teller anrichten und längs einschneiden. Etwas auseinanderdrücken, mit dem Hüttenkäse füllen und mit der Pinienkern-Sesam-Mischung bestreuen.

THAILÄNDISCHES CURRY

Für 4 Personen — Zubereitung: 15 Minuten — Garen: etwa 20 Minuten
Schwierigkeitsgrad: leicht

500 g festkochende Kartoffeln
1 Knoblauchzehe
1 Stück frischer Ingwer (2–3 cm)
½ rote Chilischote
1 EL Erdnussöl
2 EL grüne Currypaste
500 ml salzarme Gemüsebrühe
400 m Kokosmilch
2 EL salzarme Sojasauce
400 g Thai-Auberginen
150 g Zuckerschoten
1–2 TL frischer Limettensaft
2 EL grob gehacktes Koriandergrün zum Garnieren

Nährwerte pro Portion: 219 kcal/923 kJ, 7,1 g EW, 6,9 g F, 29,8 g KH, 4,2 g Bst, 0,04 mg Chol, 2,5 BE

Die Kartoffeln schälen, waschen und klein würfeln. Den Knoblauch und den Ingwer schälen und fein hacken. Die Chilischote waschen, putzen und ebenfalls fein hacken. In einem Wok die Chiliwürfel zusammen mit dem Knoblauch und dem Ingwer im heißen Öl 1–2 Minuten anschwitzen. Die Currypaste hinzufügen, kurz mitschwitzen, dann mit der Gemüsebrühe und der Kokosmilch ablöschen. Die Kartoffeln und die Sojasauce dazugeben und etwa 10 Minuten leise köcheln lassen.

Inzwischen die Auberginen waschen, putzen und in Spalten schneiden. Zum Curry geben und weitere 5 Minuten garen. Die Zuckerschoten waschen, putzen und halbieren. Unter das Curry mischen und 1–2 Minuten weitergaren.

Das Curry mit Limettensaft abschmecken und auf Suppenteller verteilen. Mit Koriandergrün garniert servieren.

ZUCKERSCHOTENHIRSE MIT TOFU-SATÉ

Für 4 Personen — Zubereitung: 45 Minuten — Garen: etwa 20 Minuten
Schwierigkeitsgrad: leicht

Für die Hirse

250 g Hirse
15 g frischer Ingwer
200 g Zuckerschoten
6–8 Frühlingszwiebeln
1 EL Olivenöl
1 TL Currypulver
½ TL gemahlene Kurkuma

Für das Saté

400 g Tofu
2 EL salzarme dunkle Sojasauce
1–2 EL Apfeldicksaft
1 EL salzarme rote Currypaste
2 EL frischer Limettensaft
Pfeffer aus der Mühle
1–2 EL Olivenöl zum Bestreichen
150 g Erdnusscreme (natur)
150 ml Kokosmilch

Nährwerte pro Portion: 758 kcal/3180 kJ, 35,9 g EW, 37,3 g F, 66,7 g KH, 7,4 g Bst, 0 mg Chol, 5 BE

Mit dem Saté beginnen. Dazu den Tofu mit Küchenpapier trocken tupfen und würfeln. In einer Schüssel die Sojasauce mit dem Apfeldicksaft, der Currypaste und dem Limettensaft verrühren und mit Pfeffer würzen. Die Tofuwürfel in die Marinade legen. Während der Tofu zieht, die Hirse zubereiten. Die Hirse in einem Sieb abbrausen und abtropfen lassen. Den Ingwer schälen und fein reiben. Die Zuckerschoten waschen, putzen und schräg halbieren. Die Frühlingszwiebeln waschen, putzen und das Grün in feine Streifen schneiden. Das Zwiebelweiß in feine Ringe schneiden und in einem Topf im heißen Öl anbraten. Den Ingwer und die Hirse dazugeben und kurz anschwitzen. Mit Curry und Kurkuma bestauben und mit etwa 600 ml Wasser aufgießen. Im geschlossenen Topf bei niedriger Temperatur 15–20 Minuten quellen lassen. In den letzten 5 Minuten das Zwiebelgrün und die Zuckerschoten untermischen und mitgaren. Während die Hirse gart, acht Holzspieße wässern (siehe Tipp Seite 110) und den Backofen auf 200 °C Ober-/Unterhitze vorheizen. Den Tofu aus der Marinade nehmen (die Marinade aufbewahren) und auf die Spieße stecken. Den Ofenrost mit Alufolie bedecken und dünn mit Öl bestreichen. Die Spieße darauflegen und im Ofen auf der obersten Schiene etwa 8 Minuten backen. Dabei zweimal wenden. Die aufbewahrte Marinade mit der Erdnusscreme und der Kokosmilch in einen Topf geben und 1–2 Minuten leise köcheln lassen. Mit etwas Pfeffer abschmecken. Die Spieße mit der Hirse und der Sauce servieren.

GEMÜSECURRY MIT KOKOS-TOFU

Für 4 Personen — Zubereitung: 35 Minuten — Garen: etwa 20 Minuten
Schwierigkeitsgrad: leicht

Für das Curry

2 Schalotten

30 g frischer Ingwer

1 Knoblauchzehe

1 Aubergine (etwa 300 g)

je 1 rote und orangefarbene Paprikaschote

500 g Chinakohl

2 EL Olivenöl

1 EL Currypulver

200 ml Karottensaft

200 ml Kokosmilch

1 kleine Prise Salz

1–2 TL frischer Limettensaft

Koriandergrün zum Garnieren

Für den Tofu

500 g Tofu

4 EL Kokosraspel

1 EL Olivenöl

Nährwerte pro Portion: 448 kcal/1867 kJ, 24,2 g EW, 30,2 g F, 14,8 g KH, 8,6 g Bst, 0,1 mg Chol, 0,5 BE

Für das Curry die Schalotten, den Ingwer und den Knoblauch schälen und fein hacken. Die Aubergine waschen, von den Enden befreien und würfeln. Die Paprika waschen, putzen und in Spalten oder kleine Stücke schneiden. Den Chinakohl waschen und den Strunk herausschneiden, dann den Chinakohl in 1 cm breite Streifen schneiden. In einem Wok das Öl erhitzen und die Schalotten, den Ingwer und den Knoblauch darin anschwitzen. Die Auberginen- und Paprikastücke dazugeben und kurz mitbraten. Den Chinakohl hinzufügen und 1–2 Minuten mitgaren. Das Currypulver darüberstreuen und den Karottensaft mit der Kokosmilch angießen. Das Curry zum Kochen bringen und etwa 10 Minuten leise köcheln lassen.

In der Zwischenzeit den Tofu klein würfeln. In den Kokosraspeln wälzen und in einer Pfanne im heißen Öl rundherum knusprig braten.

Das Gemüsecurry mit sehr wenig Salz und Limettensaft abschmecken und mit dem Tofu bestreut anrichten. Mit Koriandergrün garniert servieren.

KARTOFFEL-SPARGEL-TORTILLA

Für 1 Tortilla bzw. für 4 Personen — Zubereitung: 35 Minuten — Garen: etwa 30 Minuten
Schwierigkeitsgrad: leicht

500 g festkochende Kartoffeln, am Vortag gegart
500 g grüner Spargel
2 Handvoll gemischte Kräuter (z.B. Petersilie, Basilikum, Minze)
1 Handvoll Babyspinat
2 Schalotten
1 Knoblauchzehe
4 EL Olivenöl
8 Eier
75 ml Milch (1,5 % Fett)
1 kleine Prise Salz
Pfeffer aus der Mühle
frisch geriebene Muskatnuss

Nährwerte pro Portion: 447 kcal/1872 kJ, 20,5 g EW, 27,5 g F, 26,1 g KH, 2,4 g Bst, 484 mg Chol, 2 BE

Die Kartoffeln schälen, waschen und in Scheiben schneiden. Den Spargel waschen, die holzigen Enden abschneiden, die Stangen im unteren Drittel schälen und schräg in dünne Scheiben schneiden. Die Kräuter und den Spinat waschen und trocken schütteln. Die Kräuterblätter abzupfen und zusammen mit dem Spinat fein hacken. Die Schalotten und den Knoblauch schälen und fein würfeln.

Den Backofen auf 180 °C Ober-/Unterhitze vorheizen. In einer ofenfesten Pfanne die Schalotten und den Knoblauch in 2 EL heißem Öl glasig anschwitzen, dann herausnehmen und beiseitestellen. Das restliche Öl (2 EL) in der Pfanne erhitzen und den Spargel darin in etwa 5 Minuten bissfest braten. Die Schalotten, den Knoblauch und die Kartoffeln dazugeben, vermengen und kurz mitbraten. Inzwischen die Eier mit der Milch und der Kräuter-Spinat-Mischung verquirlen. Mit sehr wenig Salz, Pfeffer und Muskat würzen. Über das Gemüse in der Pfanne gießen, durch Schwenken gleichmäßig verteilen und etwa 5 Minuten bei niedriger Temperatur anstocken lassen. Die Tortilla im Ofen auf der unteren Schiene in etwa 15 Minuten fertig backen. Herausnehmen und am besten warm servieren.

Tipp: Dazu passt ein frischer Tomatensalat.

ZUCCHININUDELN MIT AVOCADOPESTO UND ERBSEN

Für 4 Personen — Zubereitung: 20 Minuten — Garen: etwa 3 Minuten
Schwierigkeitsgrad: leicht

200 g Erbsen (TK-Ware)
2–3 Handvoll Basilikum
2 Avocados
Saft von ½ Zitrone
50 g fettarmer Hartkäse, gerieben
2 Knoblauchzehen
Pfeffer aus der Mühle
1 kg Zucchini
40 g Walnusskerne

Nährwerte pro Portion: 308 kcal/1287 kJ, 15,8 g EW, 17,4 g F, 16 g KH, 10,5 g Bst, 0 mg Chol, 1 BE

Die Erbsen auftauen lassen. Das Basilikum abbrausen und trocken schütteln. Die Blätter abzupfen und etwa die Hälfte davon grob hacken; den Rest beiseitestellen. Die Avocados halbieren, entkernen, das Fruchtfleisch herausheben und mit dem Zitronensaft und der Hälfte der Käseraspel in den Mixer geben. Den Knoblauch schälen und zusammen mit dem gehackten Basilikum dazugeben. Alles zu einer feinen Paste pürieren und mit Pfeffer abschmecken.

Die Zucchini waschen, die Enden abschneiden. Erst längs in etwa 0,5 cm dicke Scheiben, diese dann in dünne Streifen schneiden. In einem Topf in kochendem Wasser gemeinsam mit den Erbsen etwa 3 Minuten garen. Die Zucchini und die Erbsen abseihen, dabei etwas Kochwasser auffangen. Das Gemüse zusammen mit dem Pesto zurück in den Topf geben und alles gut vermengen. Ein wenig Kochwasser untermischen und abschmecken. Das beiseitegestellte Basilikum untermengen.

Die Walnüsse grob hacken und die Zucchininudeln mit dem restlichen Käse und den Walnüssen bestreut servieren.

GEBACKENE AUBERGINE MIT KÄSE UND ROSINEN

Für 4 Personen — Zubereitung: 15 Minuten — Backen: etwa 40 Minuten
Schwierigkeitsgrad: leicht

2 Knoblauchzehen
2 EL frischer Zitronensaft
1 EL flüssiger Honig
2 EL Olivenöl
Salz
Pfeffer aus der Mühle
4 kleine Auberginen
1 Handvoll Petersilie
einige Römersalatblätter
75 g salzarmer Feta oder Hüttenkäse
80 g Rosinen

Nährwerte pro Portion: 257 kcal/1080 kJ, 7,2 g EW, 12,8 g F, 25,2 g KH, 4,8 g Bst, 13 mg Chol, 1,5 BE

Den Backofen auf 200 °C Ober-/Unterhitze vorheizen. Den Knoblauch schälen und in eine Schüssel pressen. Mit dem Zitronensaft, dem Honig, dem Öl, sehr wenig Salz und Pfeffer verrühren. Die Auberginen waschen, trocknen, längs halbieren und mit der Schnittfläche nach oben auf ein mit Backpapier belegtes Backblech setzen. Mit etwas Knoblauchmarinade bestreichen und im Ofen in etwa 40 Minuten goldbraun backen. Zwischendurch mit der restlichen Marinade bestreichen.

Inzwischen die Petersilie abbrausen, trocken schütteln, die Blätter abzupfen und grob hacken. Die Auberginen aus dem Ofen nehmen und mit einigen Salatblättern auf vier Tellern anrichten. Den Käse über die Auberginen bröckeln. Mit den Rosinen und der Petersilie bestreut servieren.

Desserts

ZWEIERLEI FRUCHTSHAKES

Für 4 Personen — Zubereitung: 30 Minuten — Schwierigkeitsgrad: leicht

400 g gemischte Beeren (z.B. Erdbeeren, Heidelbeeren, Himbeeren, Brombeeren)
2 TL frischer Zitronensaft
6 EL Honig
250 ml eiskalte Sojamilch
6 EL Magerquark
1 Handvoll Eiswürfel
600 g reife Pfirsiche
Pfirsichspalten und Erdbeerscheiben zum Garnieren (nach Belieben)

Nährwerte pro Portion: 216 kcal/917 kJ, 7,4 g EW, 1,5 g F, 46,4 g KH, 2,8 g Bst, 0 mg Chol, 4 BE

Die Beeren waschen, verlesen und gegebenenfalls putzen. Mit der Hälfte der übrigen Zutaten (mit Ausnahme der Pfirsiche) in einem Mixer fein pürieren.

Die Pfirsiche heiß überbrühen, abschrecken, häuten, halbieren und entsteinen. Das Fruchtfleisch in kleine Würfel schneiden und mit den restlichen Zutaten ebenfalls pürieren, bis ein sämiger Shake entsteht.

Die Shakes auf Gläser verteilen und nach Belieben mit Pfirsichspalten und Erdbeerscheiben garniert servieren.

Tipp: Die angegebene Menge reicht für vier kleine Shakes pro Sorte oder jeweils zwei große.

OBSTSALAT MIT BEERENSCHAUMSAUCE

Für 4 Personen — Zubereitung: 15 Minuten — Schwierigkeitsgrad: leicht

800 g Erdbeeren
400 g Himbeeren
Saft von 1 Orange
2 EL Honig
30 g Mandeln
Minzeblättchen zum Garnieren

Nährwerte pro Portion: 202 kcal/846 kJ, 5 g EW, 5,2 g F, 25 g KH, 10,5 g Bst, 0 mg Chol, 2 BE

Die Erdbeeren waschen und putzen. Etwa die Hälfte davon halbieren und beiseitelegen, den Rest in einen Mixer geben. Die Himbeeren verlesen und ebenfalls etwa die Hälfte in den Mixer geben. Den Orangensaft und den Honig hinzufügen und alles schaumig mixen.

Die Fruchtsauce auf tiefe Teller verteilen und mit den restlichen Beeren belegen. Die Mandeln grob hacken und mit der Minze über die Beeren streuen.

DÄNISCHE QUARKSPEISE MIT SCHWARZBROT UND ERDBEEREN

Für 4 Personen — Zubereitung: 30 Minuten — Kühlen: etwa 5 Stunden
Schwierigkeitsgrad: leicht

Für das Gelee

2 Blatt rote Gelatine

150 ml Erdbeersaft

Für die Creme

4 Blatt weiße Gelatine

400 g Sojaquark

100 g Sojajoghurt

2 EL frischer Zitronensaft

Mark von 1 Vanilleschote

4–5 EL flüssiger Honig

150 ml aufschlagbare Sojasahne

Außerdem

400 g Erdbeeren

1 EL Honig

3–4 Scheiben Pumpernickel

Nährwerte pro Portion: 273 kca/1143 kJ, 10,5 g EW, 9,3 g F, 33,5 g KH, 3,3 g Bst, 0 mg Chol, 3 BE

Tipp: Das Dessert kann man bereits am Vortag zubereiten und im Kühlschrank über Nacht durchziehen lassen.

Für das Gelee die Gelatine einige Minuten in kaltem Wasser einweichen. Den Erdbeersaft in einem Topf leicht erwärmen, die Gelatine gut ausdrücken und in dem Saft auflösen. Die Masse in eine rechteckige, hohe, mit Frischhaltefolie ausgelegte Glasform geben und in etwa 2 Stunden im Kühlschrank fest werden lassen. Dann aus der Form stürzen und beiseitestellen.

Für die Creme die Gelatine einige Minuten in kaltem Wasser einweichen. Inzwischen in einer Schüssel den Quark mit dem Joghurt, dem Zitronensaft, dem Vanillemark und dem Honig verrühren. Die Gelatine tropfnass in einem Topf bei niedriger Temperatur auflösen, vom Herd nehmen und 3 EL von der Quarkmasse einrühren. Diese Mischung unter den restlichen Quark rühren. Die Sahne steif schlagen und unterheben.

Die Erdbeeren waschen, putzen, klein schneiden und mit dem Honig pürieren. Ein Drittel der Creme in die bereits zuvor verwendete Glasform geben und glatt streichen. Das Erdbeerpüree vorsichtig darauf verteilen und mit einem weiteren Drittel der Creme bedecken. Das Brot zerkrümeln und darauf verteilen. Mit der restlichen Creme bedecken. Das Gelee in vier Stücke portionieren, darauflegen und das Dessert für 3 Stunden in den Kühlschrank stellen.

WÜRZIGER ANANASSALAT MIT FRISCHKÄSEEIS

Für 4 Personen — Zubereitung: 35 Minuten — Gefrieren: mindestens 4 Stunden
Schwierigkeitsgrad: leicht

Für das Eis

200 ml Sojamilch

3 EL Honig

150 g Frischkäse (Magerstufe)

200 ml aufschlagbare Sojasahne

Für den Salat

1 große Ananas

½ Vanilleschote

1 Zimtstange

2 Stücke langer Pfeffer (Stangenpfeffer)

200 ml frischer Orangensaft

etwa 2 EL Honig

Chilipulver (nach Belieben)

Nährwerte pro Portion: 343 kcal/1439 kJ, 8,6 g EW, 21,2 g F, 29,3 g KH, 1,2 g Bst, 31 mg Chol, 2,5 BE

Für das Eis die Sojamilch mit dem Honig in einem Topf erhitzen. Den Frischkäse einrühren, vom Herd nehmen und abkühlen lassen. Die Sahne fast steif schlagen und unter die Frischkäsemasse heben. In ein geeignetes Gefäß umfüllen und für etwa 4 Stunden ins Gefrierfach stellen. Dabei alle 20 Minuten umrühren.

Für den Salat die Ananas schälen, vierteln und den Strunk herausschneiden. Das Ananasfruchtfleisch klein würfeln. Die Vanilleschote längs aufschneiden und zusammen mit der Zimtstange und den Pfefferstücken im Orangensaft einmal aufkochen. Die Ananas dazugeben und etwa 4 Minuten darin pochieren. Mit dem Honig abschmecken. Das Ananasragout auf vier Dessertgläser verteilen. Vom Eis Kugeln abstechen und auf dem Salat anrichten. Nach Belieben mit Chilipulver bestaubt servieren.

JOGHURTPARFAIT MIT FRÜCHTEN

Für 4 Personen — Zubereitung: 25 Minuten — Gefrieren: etwa 3 Stunden 30 Minuten
Schwierigkeitsgrad: mittel

2 frische Eiweiß
1 EL frischer Zitronensaft
400 g Naturjoghurt (1,5 % Fett)
1 EL Ahornsirup
1 EL Apfeldicksaft
150 g Erdbeeren
150 g Heidelbeeren
2 EL frischer Orangensaft
4 TL flüssiger Honig
8 EL kernige Haferflocken
Minzeblätter zum Garnieren

Nährwerte pro Portion: 239 kcal/1009 kJ, 10,2 g EW, 2,7 g F, 39,6 g KH, 5,6 g Bst, 0 mg Chol, 3,5 BE

In einem hohen Rührgefäß das Eiweiß mit dem Zitronensaft steif schlagen. In einer Schüssel den Joghurt mit dem Sirup und dem Dicksaft cremig rühren. Den Eischnee unterziehen und die Masse in eine flache Schale füllen. Im Gefrierfach etwa 3 Stunden cremig gefrieren lassen.

Die Beeren abbrausen, putzen, verlesen und trocken tupfen. Die Erdbeeren halbieren. Einige Beeren zum Garnieren aufbewahren, den Rest mit dem Orangensaft und 1 TL Honig vermischen und ziehen lassen.

Die Hälfte vom Parfait in vier Gläser füllen, die Hälfte der Beeren und die Hälfte der Haferflocken daraufschichten und mit etwas Honig beträufeln. Die übrigen Zutaten auf dieselbe Weise daraufschichten und das Parfait weitere etwa 30 Minuten gefrieren lassen. Mit den zurückbehaltenen Beeren und Minzeblättern garniert servieren.

BEERENSORBET AM STIEL

Für 8 Stück — Zubereitung: 15 Minuten plus Zeit zum Abkühlen
Gefrieren: etwa 3 Stunden 30 Minuten — Schwierigkeitsgrad: leicht

6 EL Honig
Saft von 2 Zitronen
100 g Himbeeren
100 g rote Johannisbeeren
100 g Blaubeeren

Nährwerte pro Portion: 62 kcal/263 kJ, 0,6 g EW, 0,3 g F, 11,4 g KH, 2 g Bst, 0 mg Chol, 1 BE

In einem Topf den Honig zusammen mit 250 ml Wasser aufkochen und auf Zimmertemperatur abkühlen lassen. Dann die Honigmischung mit dem Zitronensaft verrühren und in einer Eismaschine in etwa 30 Minuten cremig gefrieren lassen.

Inzwischen die Beeren waschen, putzen und mit Küchenpapier trocken tupfen. In einer Schüssel vermengen und grob zerdrücken. Die Honigmasse aus der Eismaschine nehmen, die Beeren locker unterheben und die Mischung in acht Eisformen für Eis am Stiel füllen. Holzstiele einstecken und das Eis im Gefrierfach etwa 3 Stunden gefrieren lassen.

INGWER-CUPCAKES MIT WALNÜSSEN UND FEIGEN

Für 1 Muffinbackblech mit Platz für 12 Stück — Zubereitung: 25 Minuten
Backen: etwa 25 Minuten — Schwierigkeitsgrad: leicht

200 g Dinkelvollkornmehl
½ TL gemahlener Zimt
1 Prise frisch geriebene Muskatnuss
1 TL gemahlener Ingwer
1 TL frisch geriebener Ingwer
100 g Walnüsse, gemahlen
3–4 TL Weinsteinbackpulver
5 EL Honig
200 ml naturbelassene Sojamilch

Zum Garnieren

3 Feigen
12 Walnusshälften

Nährwerte pro Stück: 133 kcal/557 kJ, 3,7 g EW, 6,5 g F, 13,8 g KH, 1,8 g Bst, 0 mg Chol, 1 BE

Den Backofen auf 180 °C Ober-/Unterhitze vorheizen. Papierförmchen in die Vertiefungen des Muffinbackblechs setzen.

In einer Schüssel das Mehl mit den Gewürzen, dem frischen Ingwer, den Walnüssen und dem Backpulver vermischen. In einer großen Rührschüssel den Honig mit der Sojamilch verrühren. Die Mehlmischung dazugeben und mit einem Kochlöffel nur kurz unterrühren, bis sich alle Zutaten verbunden haben. Den Teig in die Förmchen geben und im Ofen etwa 25 Minuten backen, bis die Oberfläche goldbraun gebräunt ist. Herausnehmen und in den Papierförmchen abkühlen lassen.

Vor dem Servieren die Feigen waschen und vierteln. Zusammen mit den Walnusshälften auf den Cupcakes verteilen.

APFEL-ZIMT-KUCHEN VOM BLECH

Für 1 Backblech (etwa 30 x 40 cm) bzw. für etwa 12 Stück — Zubereitung: 35 Minuten
Backen: etwa 50 Minuten — Schwierigkeitsgrad: leicht

Für den Teig

Pflanzenöl und Mehl für das Blech
150 g Naturjoghurt (0,2 % Fett)
4 Eier
6 EL Honig
75 g zuckerfreies Apfelmus
50 g weiche Butter
1 TL gemahlener Zimt
300 g Dinkelvollkornmehl, mehr nach Bedarf
1 Pck. Backpulver
100 g Mandeln, gemahlen
Sojamilch (nach Bedarf)

Für den Belag

1 kg Äpfel
Saft von 1 Zitrone
1 TL gemahlener Zimt
3 EL Ahornsirup
60 g Mandelblättchen

Nährwerte pro Stück: 327 kcal/1368 kJ, 9,1 g EW, 13,3 g F, 38,8 g KH, 6,1 g Bst, 89 mg Chol, 3 BE

Das Backblech mit etwas Öl bestreichen und mit Mehl bestauben. Für den Teig in einer Küchenmaschine den Joghurt, die Eier, den Honig, das Apfelmus, die Butter und den Zimt kräftig aufschlagen. In einer Schüssel das Mehl mit dem Backpulver und den Mandeln vermengen und portionsweise zügig unter die Joghurtmasse mischen, sodass ein geschmeidiger, streichfähiger Teig entsteht. Nach Bedarf etwas Mehl oder Sojamilch ergänzen. Den Teig auf das Blech geben und glatt streichen.

Den Backofen auf 180 °C Ober-/Unterhitze vorheizen. Für den Belag die Äpfel schälen, vierteln, entkernen und die Viertel in Spalten schneiden. In einer Schüssel mit dem Zitronensaft, dem Zimt und dem Ahornsirup vermengen, dann gleichmäßig auf dem Teig verteilen. Mit den Mandelblättchen bestreuen und den Kuchen im vorgeheizten Ofen in etwa 50 Minuten goldbraun backen. Herausnehmen und auskühlen lassen. In Stücke geschnitten servieren.

PFLAUMENTARTE MIT RICOTTACREME

Für 1 eckige Tarteform (etwa 15 x 30 cm) bzw. für 5 Stück — Zubereitung: 45 Minuten
Kühlen: etwa 1 Stunde — Backen: etwa 40 Minuten — Schwierigkeitsgrad: leicht

Für den Teig

225 g Dinkelvollkornmehl, mehr zum Verarbeiten

3 EL Honig

1 Ei

2 EL zarte Haferflocken

2 EL Margarine

Für den Belag

500 g Pflaumen

120 g Ricotta

3 EL frischer Zitronensaft

4 EL Ahornsirup

100 g Mandeln, gehobelt

Außerdem

Rapsöl für die Form

Nährwerte pro Stück: 438 kcal/1832 kJ, 13,8 g EW, 22,7 g F, 40,6 g KH, 7,6 g Bst, 48 mg Chol, 3,5 BE

Für den Teig das Mehl auf eine Arbeitsfläche häufen und mit dem Honig, dem Ei, den Haferflocken und der Margarine zu einem Mürbeteig verkneten (bei Bedarf etwas kaltes Wasser ergänzen). Den Teig zu einer Kugel formen, in Frischhaltefolie wickeln und für etwa 1 Stunde kalt stellen.

Inzwischen den Belag vorbereiten. Dazu die Pflaumen waschen, halbieren und entsteinen. In einer Schüssel den Ricotta mit dem Zitronensaft und dem Ahornsirup verrühren.

Den Backofen auf 180 °C Ober-/Unterhitze vorheizen und die Tarteform mit etwas Öl ausstreichen. Den Teig auf der leicht bemehlten Arbeitsfläche rechteckig ausrollen und die Form damit auslegen, dabei einen Rand formen. Den überstehenden Teig abschneiden und auf einer Reibe raspeln. Die Ricottamasse auf den Teig geben und glatt streichen. Mit den Pflaumen belegen, mit den Teigraspeln und den Mandeln bestreuen. Die Tarte im heißen Ofen in etwa 40 Minuten goldbraun backen. Herausnehmen und nach Belieben lauwarm oder abgekühlt servieren.

Anhang

REZEPTREGISTER

NÜTZLICHE LINKS

Weiterführende Informationen, Neues aus der Forschung, Interessantes und Nützliches rund um das Thema Bluthochdruck finden Sie im Internet. Die folgenden Adressen stellen nur eine kleine Auswahl des umfangreichen Angebots im Netz dar:

- www.hochdruckliga.de
  (Deutsche Hochdruckliga e.V. DHL®)
- www.herzstiftung.de
  (Deutsche Herzstiftung e.V.)
- www.hypertonie-stiftung.org
  (Deutsche Hypertonie Stiftung DHS®)
- www.euro.who.int (Weltgesundheitsorganisation – Regionalbüro für Europa)

Online-Rechner zur Ermittlung des Body Mass Index:

- www.bmi-rechner.biz

Informationen und Tipps zur Ernährung bei Bluthochdruck:

- www.dge.de
  (Deutsche Gesellschaft für Ernährung e.V. DGE)
- www.ernaehrung.de
- www.gesundheit.de

Allgemeine Bluthochdruck-Infos und weiterführende Informationen zur DASH-Diät:

- www.bluthochdruck.medhost.de
  (Stichwort Therapie ➔ Ernährungsumstellung)
- www.eatsmarter.de
  (Stichwort Ernährung und Ernährungsarten)

Nährwerttabellen mit Angaben des Natrium- bzw. Kochsalzgehalts zum Download:

- www.dge-medienservice.de (Die Nährwerttabelle 2016 / 2017, DGE-MedienService)
- www.gu.de/media/media/40/01627514066527/9783833847974_leseprobe.pdf (Die große GU Nährwerttabelle))

Mineralwasser im Vergleich:

- www.mineralienrechner.de
- www.agrarheute.com/media/2017-09/141194.pdf
- www.eucell.de/ernaehrung/lebensmittellisten/mineralwasser-natriumgehalt.html

Impressum
Verantwortlich: Sonya Mayer
Umschlaggestaltung, Layout und Satz: A flock of sheep
Redaktion: Monika Judä
Korrektur: Martin Thorn
Repro: LUDWIG:media
Herstellung: Bettina Schippel, Stephanie Schlemmer
Text (Einleitung und Tipps in den Rezepten): Monika Judä
Rezepte: StockFood
Fotografie: siehe Bildnachweis rechte Spalte
Printed in Slovenia by Florjancic

Unser komplettes Programm finden Sie unter:

www.christian-verlag.de

★★★★★

Sind Sie mit diesem Titel zufrieden? Dann würden wir uns über Ihre Weiterempfehlung freuen.

Erzählen Sie es im Freundeskreis, berichten Sie Ihrem Buchhändler oder bewerten Sie bei Onlinekauf. Und wenn Sie Kritik, Korrekturen, Aktualisierungen haben, freuen wir uns über Ihre Nachricht an:

Christian Verlag
Postfach 40 02 09, D-80702 München
oder per E-Mail an lektorat@verlagshaus.de

Die Deutsche Nationalbibliothek verzeichnet diese Publikation in der Deutschen Nationalbibliografie; detaillierte bibliografische Daten sind im Internet über http://dnb.d-nb.de abrufbar.

ISBN 978-3-95961-286-9

Bildnachweis
Cover: StockFood / Gräfe & Unzer Verlag / Peters, Janne; Buchrückseite (links): StockFood / Gräfe & Unzer Verlag / Eising Studio; Buchrückseite (rechts): StockFood / The Picture Pantry
Seite 5: shutterstock / Andrey_Popov; Seite 6: shutterstock / seasontime; Seite 11: shutterstock / Jenny Sturm; Seite 12: shutterstock / Foxys Forest Manufacture; Seite 21: shutterstock / Dionisvera; Seite 22: shutterstock / Rocketclips, Inc.; Seite 29: shutterstock / Liv friis-larsen; Seite 33: StockFood / Vråskar, Veslemøy; Seite 35: StockFood / Wischnewski, Jan; Seite 37: StockFood / Matassa, Mario; Seite 39: StockFood / Gräfe & Unzer Verlag / Kramp + Gölling; Seite 41: StockFood / PhotoCuisine / Thys / Supperdelux; 43: StockFood / Dobránska, Renáta; Seite 45: StockFood / Wischnewski, Jan; Seite 49: StockFood / Garlick, Ian; Seite 51: StockFood / Reculez, Francine; Seite 53: StockFood / Bauer Syndication; Seite 55: StockFood / Sporrer/ Skowronek; Seite 57: StockFood / Morgans, Gareth; Seite 59: StockFood / The Picture Pantry; Seite 63: StockFood / Faber, Anne; Seite 65: StockFood / Gräfe & Unzer Verlag / mona binner photographie; Seite 67: StockFood / Afanasieva, Oxana; Seite 69: StockFood / Gräfe & Unzer Verlag / Suedfels, Thorsten; Seite 71: StockFood / Kleine Holthaus, Thorsten; Seite 73: StockFood / PhotoCuisine / Swalens, Tom; Seite 75: StockFood / Great Stock!; Seite 77: StockFood / Morgans, Gareth; Seite 81: StockFood / Lerner, Danny; Seite 83: StockFood / Gräfe & Unzer Verlag / mona binner photographie; Seite 85: StockFood / Arras, Klaus; Seite 87: StockFood / Kirchherr, Jo; Seite 89: StockFood / Gräfe & Unzer Verlag / Kramp + Gölling; Seite 91: StockFood / PhotoCuisine / Studio; Seite 93: StockFood / PhotoCuisine / Amiel, Jean-Claude; Seite 95: StockFood / Avalos Flores, Maricruz; Seite 99: StockFood / Küng, Ruth; Seite 101: StockFood / Gräfe & Unzer Verlag / Rynio, Jörn; Seite 103: StockFood / Jalag / Schardt, Wolfgang; Seite 105: StockFood / Gregson, Jonathan; Seite 107: StockFood / Brachat, Oliver; Seite 109: StockFood / Gräfe & Unzer Verlag / Schütz, Anke; Seite 111: StockFood / People Pictures; Seite 113: StockFood / Wischnewski, Jan; Seite 117: StockFood / Bischof, Harry; Seite 119: StockFood / Bauer Syndication; Seite 121: StockFood / Jalag / Hoersch, Julia; Seite 123: StockFood / Gräfe & Unzer Verlag / Eising Studio; Seite 125: StockFood / Gräfe & Unzer Verlag / Schütz, Anke; Seite 127: StockFood / Gräfe & Unzer Verlag / Grossmann.Schuerle; Seite 129: StockFood / Gräfe & Unzer Verlag / Kramp + Gölling; Seite 131: StockFood / van Tonder, Hein; Seite 133: StockFood / People Pictures; Seite 137: StockFood / Rees, Peter; Seite 139: StockFood / Adsbol, Mikkel; Seite 141: StockFood / Eckhardt, Sandra; Seite 143: StockFood / Mañas Aldaya, Alicia; Seite 145: StockFood / Laniak, Malgorzata; Seite 147: StockFood / PhotoCuisine / Syl d AB; Seite 149: StockFood / Lingwood, William; Seite 151: StockFood / Great Stock!; Seite 153: StockFood / Castilho, Rua.

Ebenfalls erhältlich ...

ISBN 978-3-95961-250-0

ISBN 978-3-95961-251-7

ISBN 978-3-95961-287-6